AF590527

ENSEIGNEMENT
DU DESSIN
A L'ÉCOLE LA MARTINIÈRE

PAR

LOUIS DUPASQUIER

Architecte du Gouvernement

CORRESPONDANT DU MINISTÈRE DE L'INSTRUCTION PUBLIQUE
MEMBRE DE L'ACADÉMIE DES SCIENCES, BELLES-LETTRES ET ARTS DE LYON
ETC., ETC.
CHEVALIER DE L'ORDRE DES SAINTS MAURICE ET LAZARE

ATLAS

TROISIÈME ÉDITION

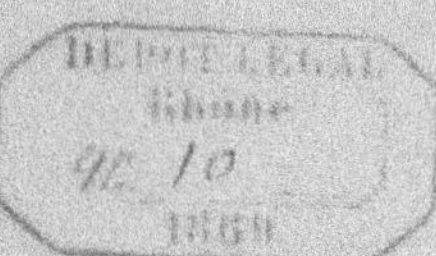

LYON
IMPRIMERIE LOUIS PERRIN
RUE D'AMBOISE, 6

1868

COURS DE DESSIN

PERSPECTIVE PRATIQUE

PL. IV

Direction et parallélisme des lignes

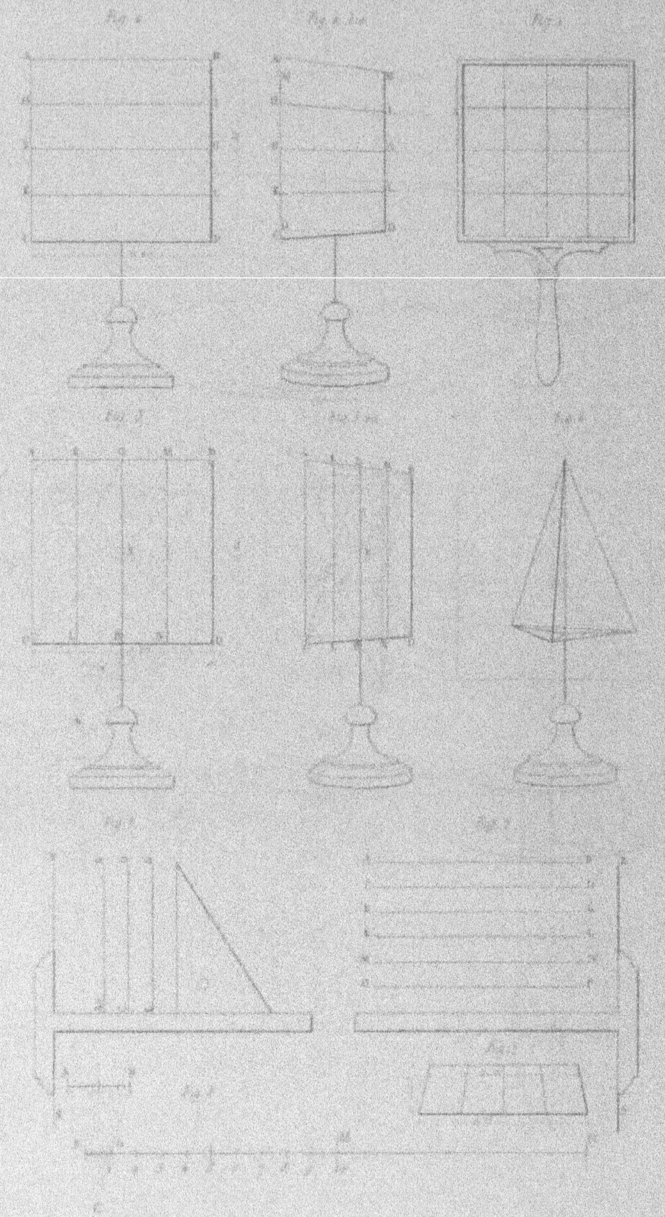

ÉCOLE LA MARTINIÈRE

COURS DE DESSIN

PERSPECTIVE PRATIQUE

ÉCOLE LA MARTINIÈRE

PERSPECTIVE PRATIQUE

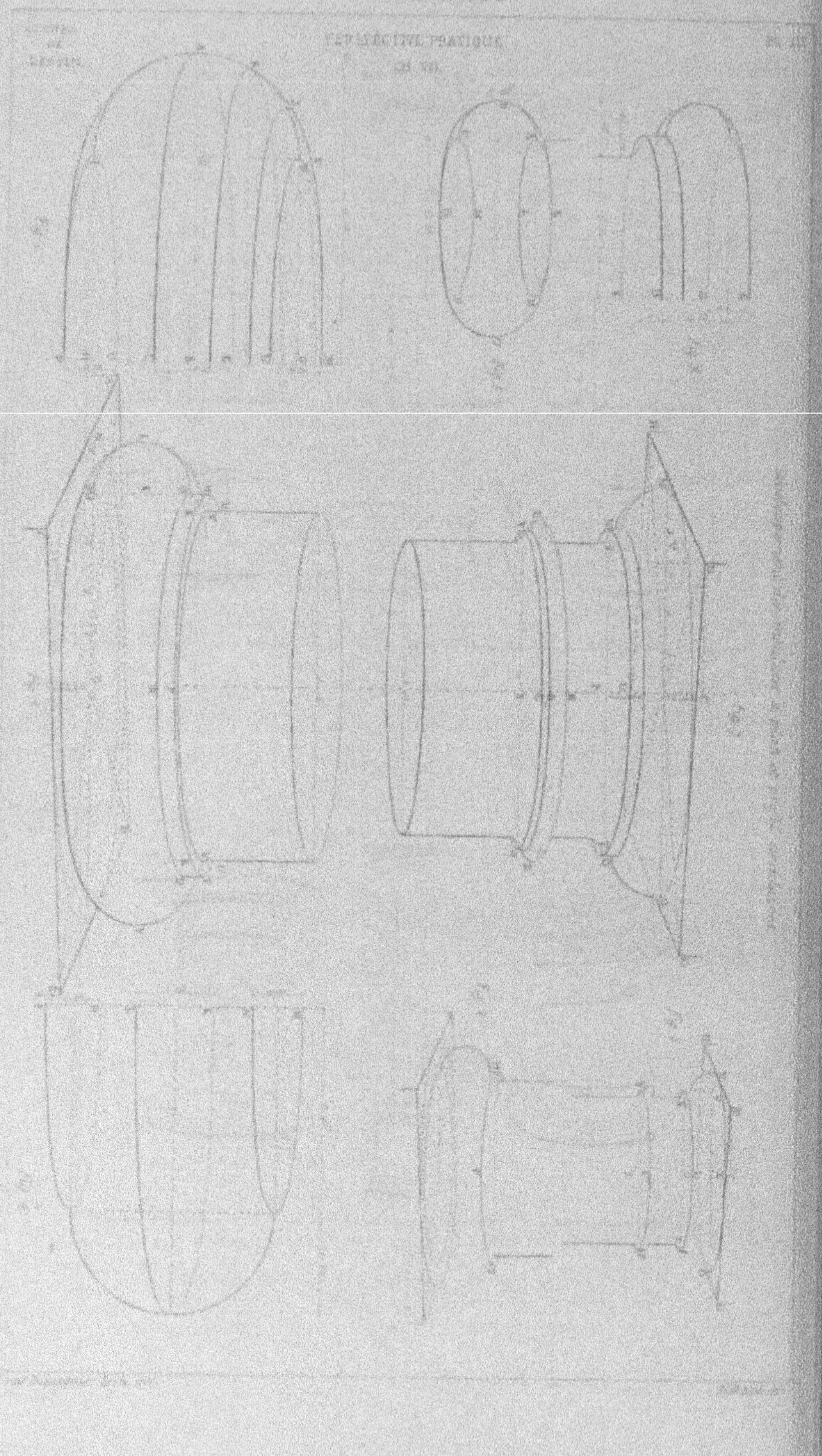

ÉCOLE LA MARTINIÈRE

COURS DE DESSIN

PERSPECTIVE PRATIQUE

Fig. 1

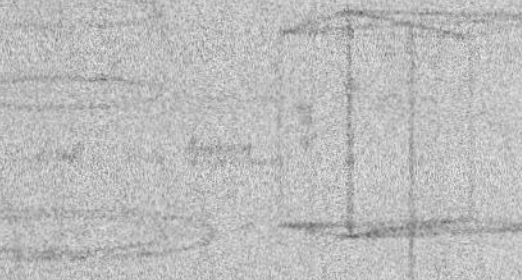

Fig. 2

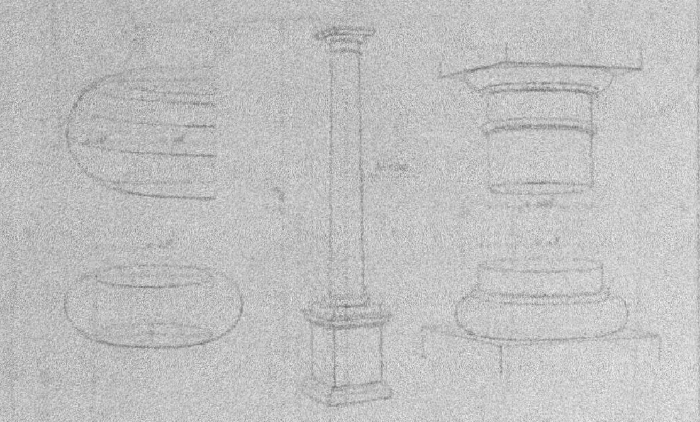

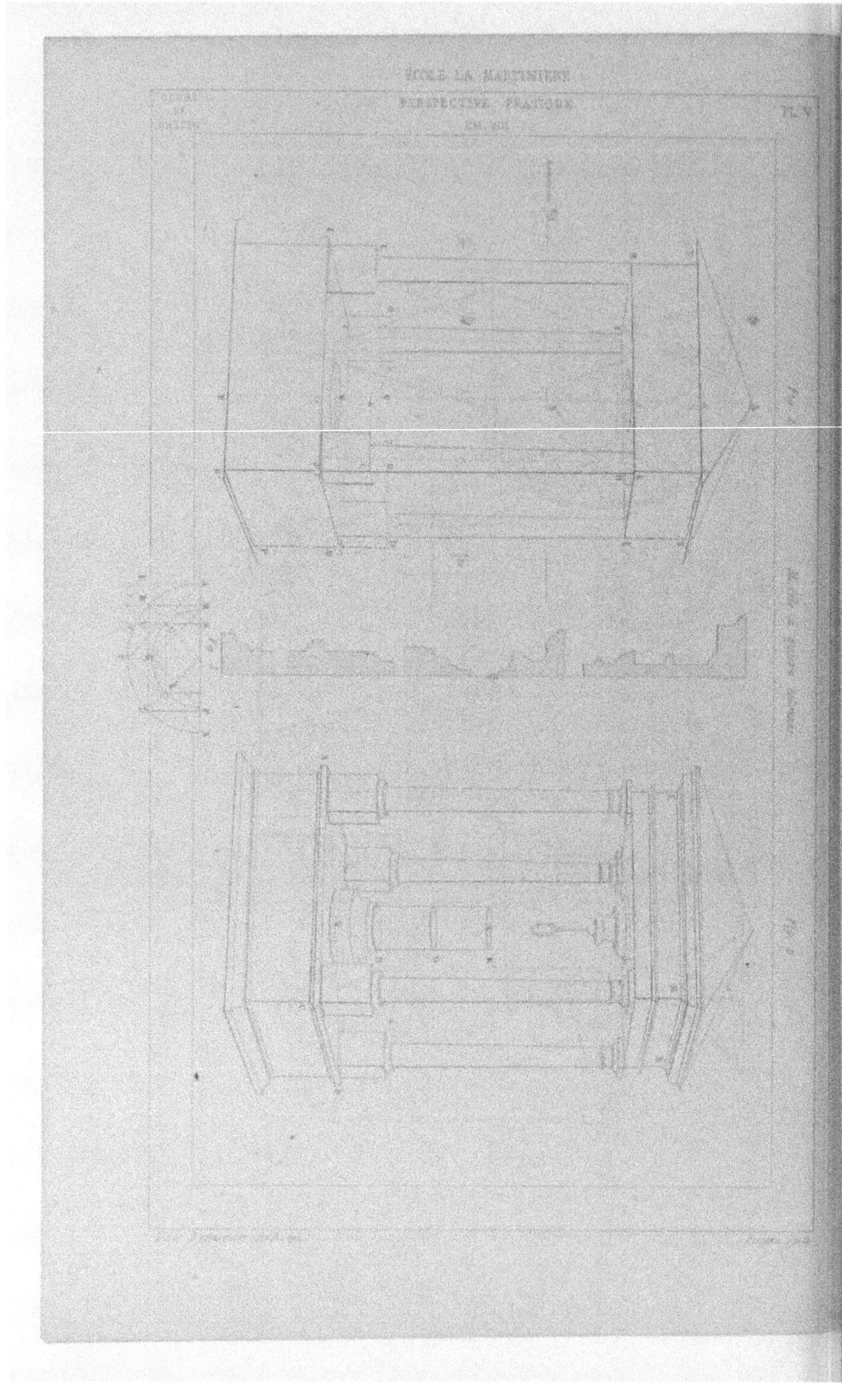
ÉCOLE LA MARTINIÈRE
PERSPECTIVE PRATIQUE
PL. V

ÉCOLE LA MARTINIÈRE

PERSPECTIVE PRATIQUE

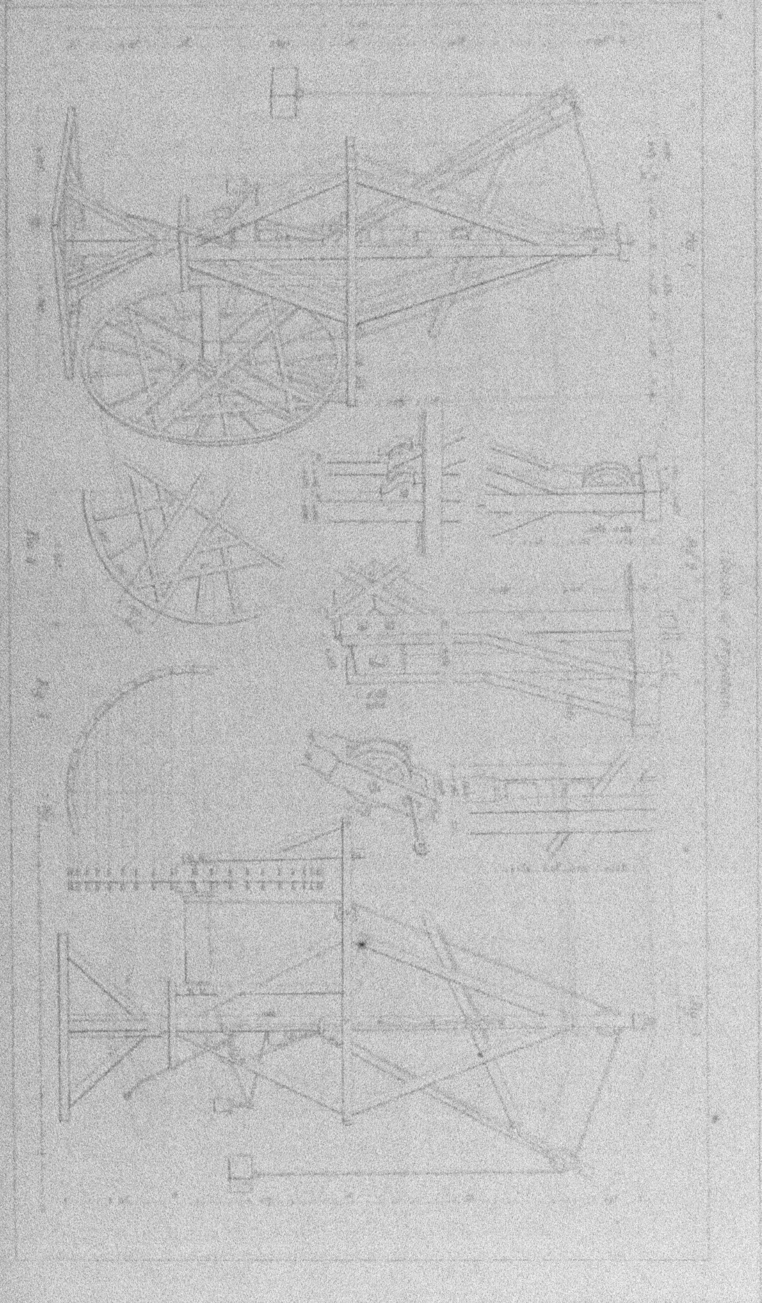

ÉCOLE LA MARTINIÈRE

COURS DE DESSIN

PERSPECTIVE PRATIQUE

(N° 2)

Pl. VII

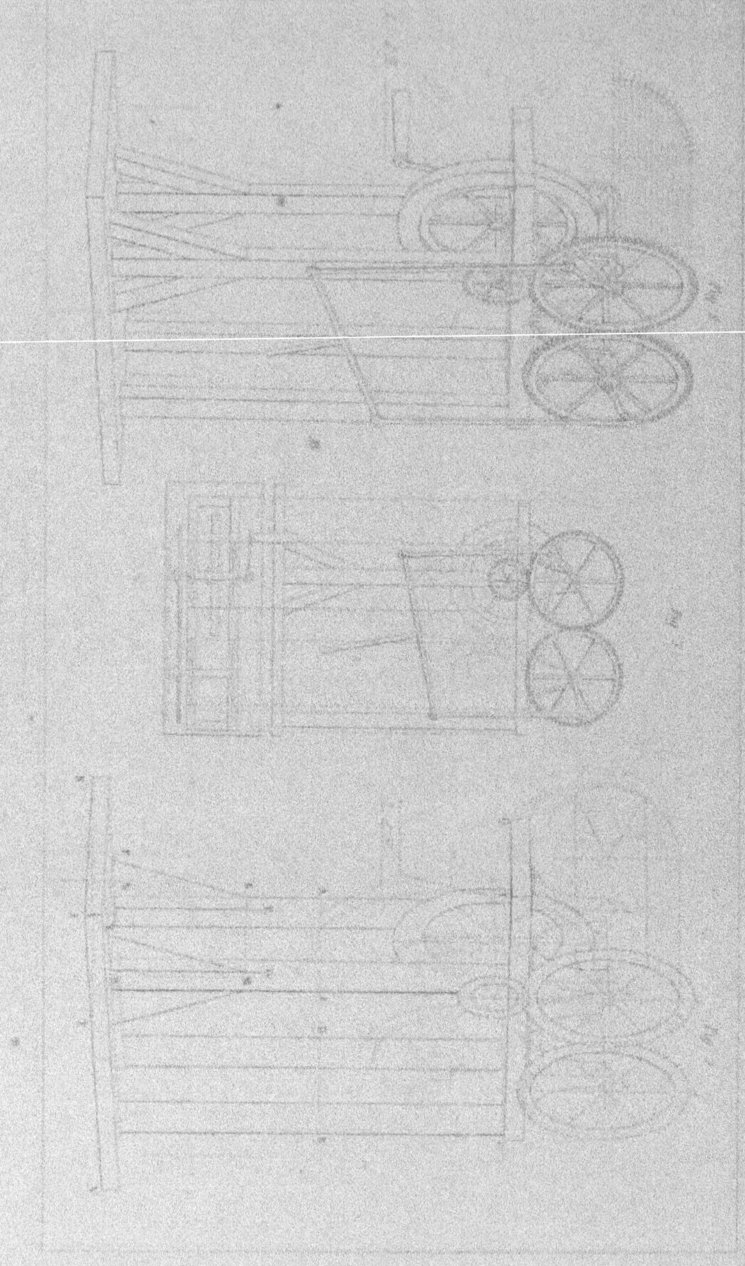

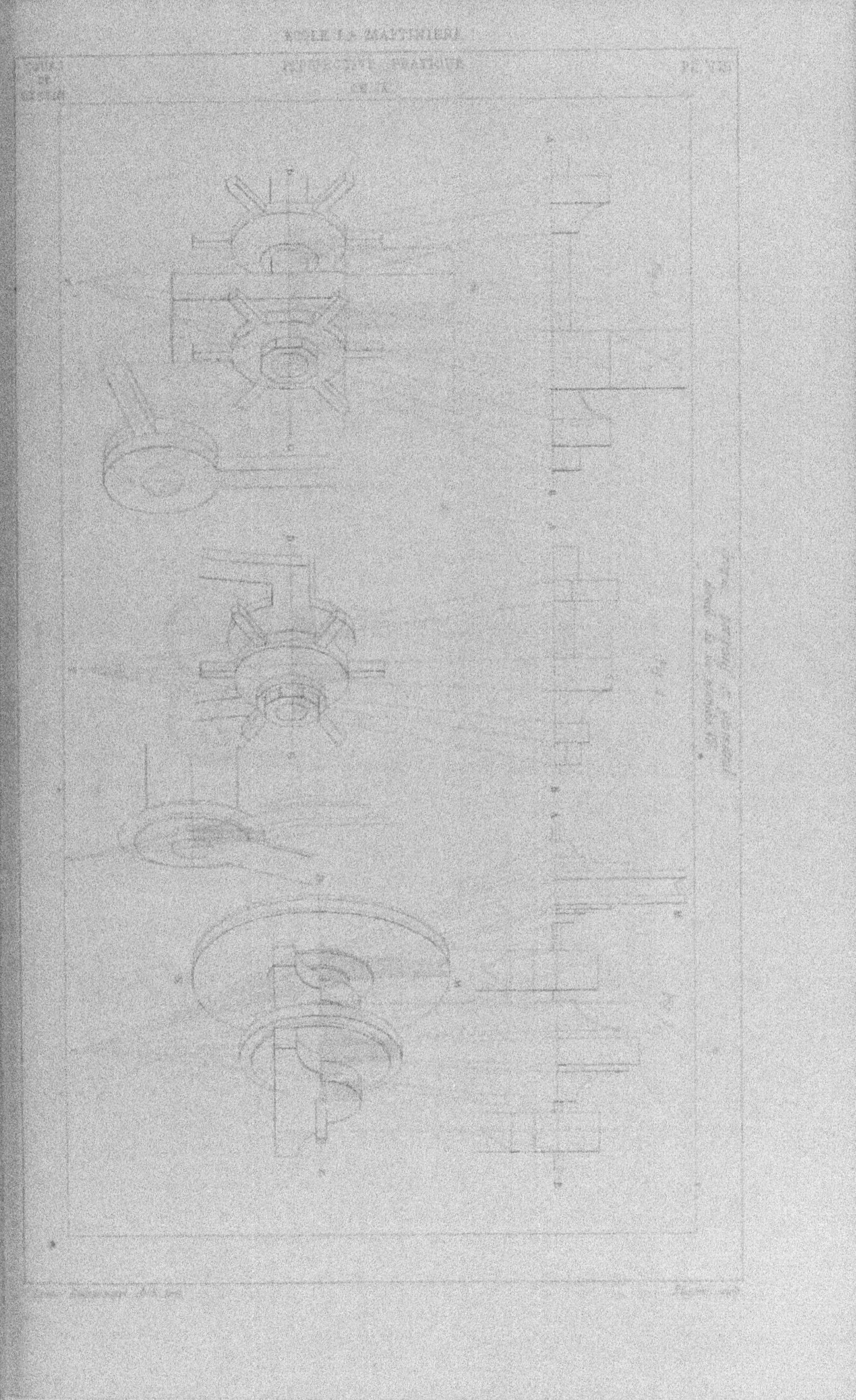
ECOLE LA MARTINIERE
PERSPECTIVE PRATIQUE
PL. VIII

ÉCOLE LA MARTINIÈRE

COURS DE DESSIN

ÉLÉMENTS DE GÉOMÉTRIE

CH. XII XIII XIV XV XVI et XVII

ÉCOLE LA MARTINIÈRE

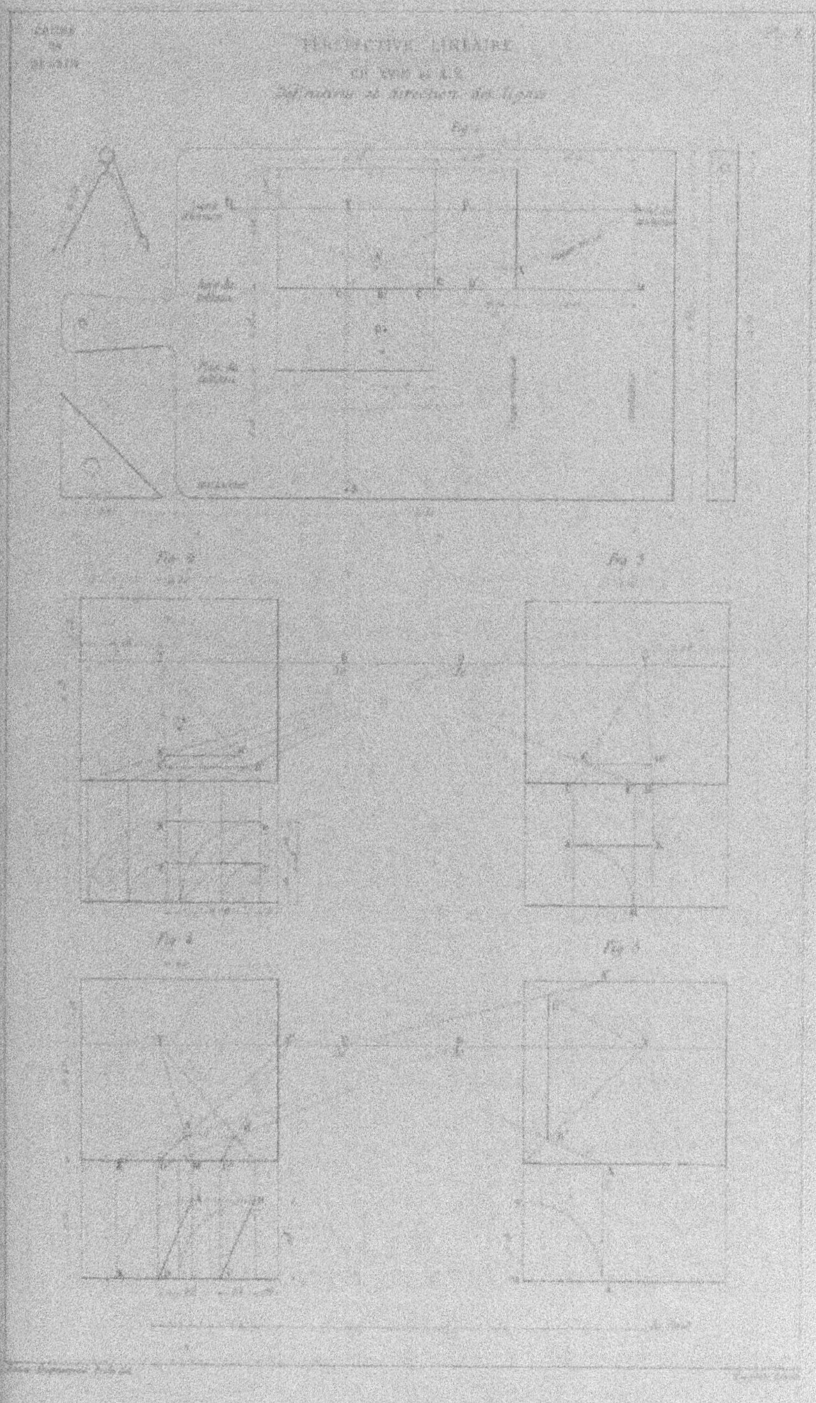

ÉCOLE LA MARTINIÈRE

PERSPECTIVE LINÉAIRE

Enfoncement des surfaces

Pl. XI

Fig. 1

Fig. 2

Fig. 3

Fig. 4

Fig. 5

Fig. 6

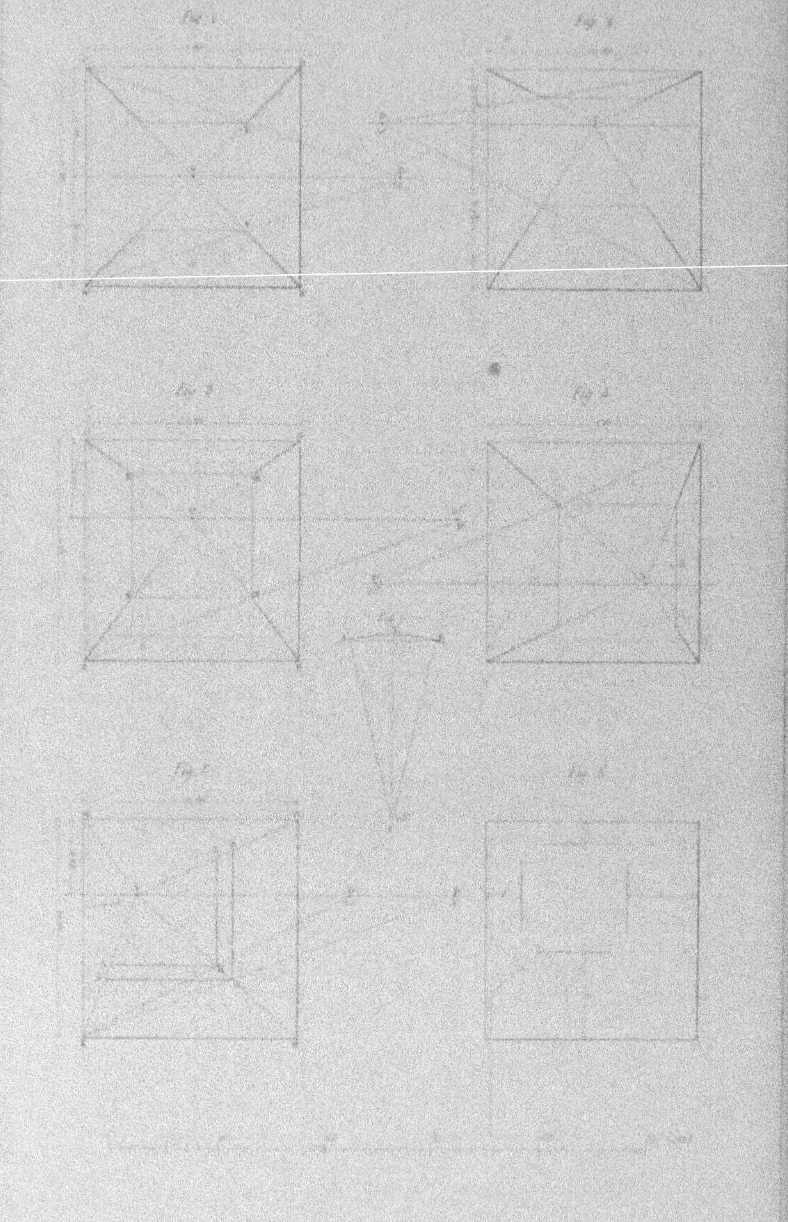

ÉCOLE LA MARTINIÈRE

COURS DE DESSIN

Pl. XI

PERSPECTIVE LINÉAIRE

CH. XXI.

Du point de distance rapporté sur le côté du tableau.

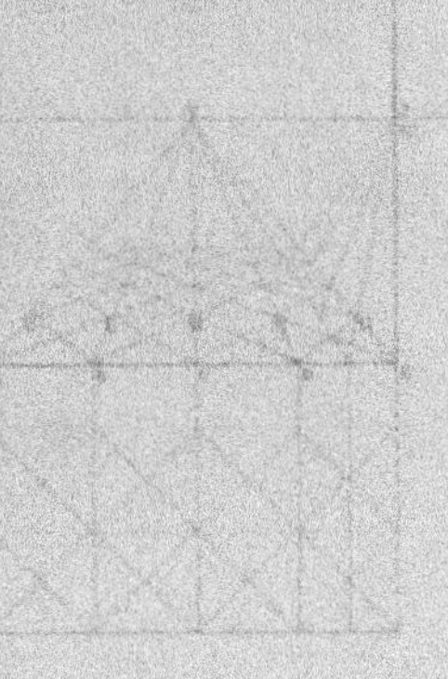

ÉCOLE LA MARTINIÈRE

COURS DE DESSIN

PERSPECTIVE LINÉAIRE

Ch. XXII

Pl. [illegible]

Pl. XIV

Cours de Dessin

PERSPECTIVE LINÉAIRE

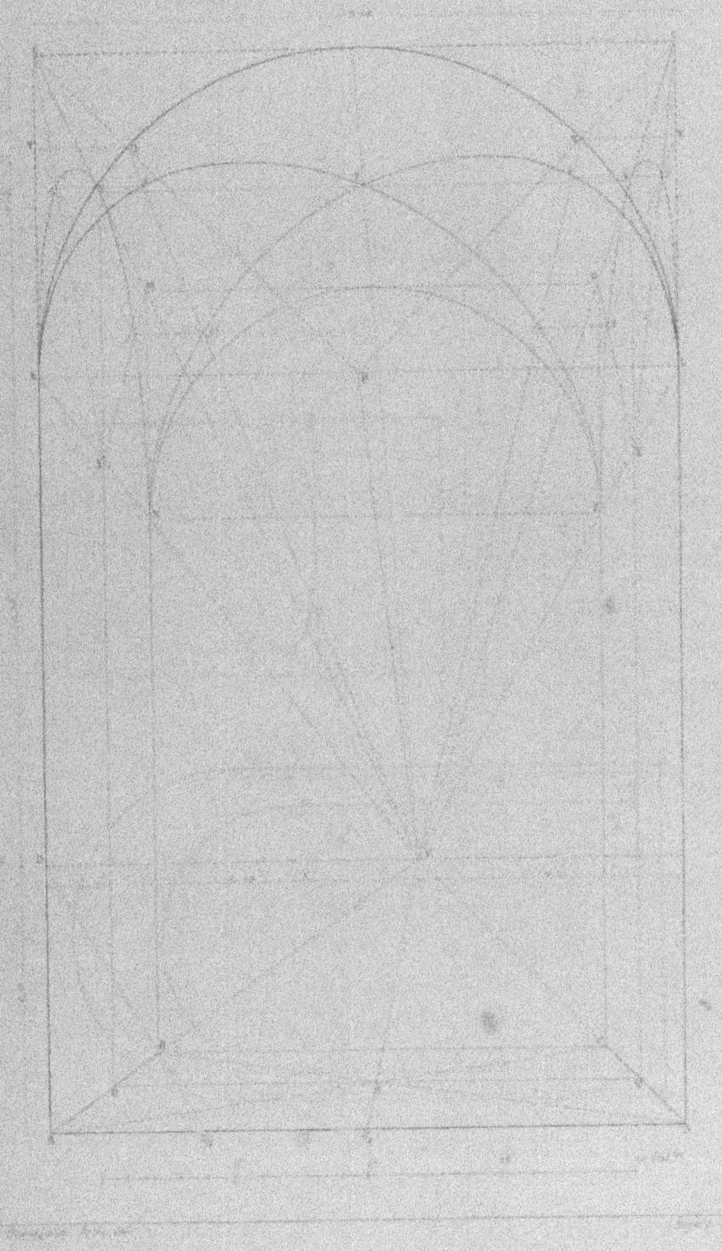

ECOLE LA MARTINIÈRE

COURS
DE
DESSIN

PERSPECTIVE LINÉAIRE

ÉCOLE LA MARTINIÈRE

COURS DE DESSIN — PERSPECTIVE LINÉAIRE CH. XIII — PL. XV

Fig. 1

Fig. 2

Fig. 3

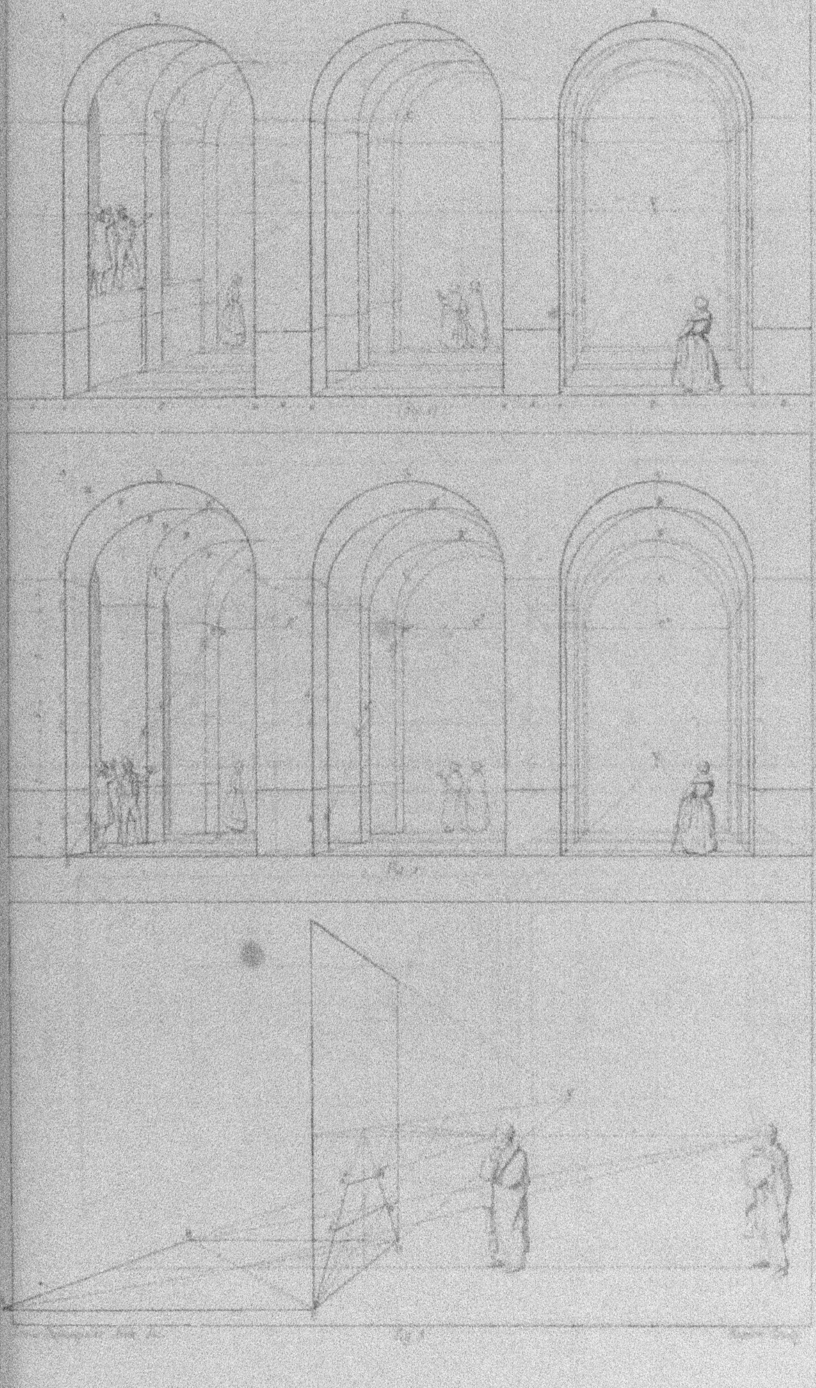

ÉCOLE LA MARTINIÈRE

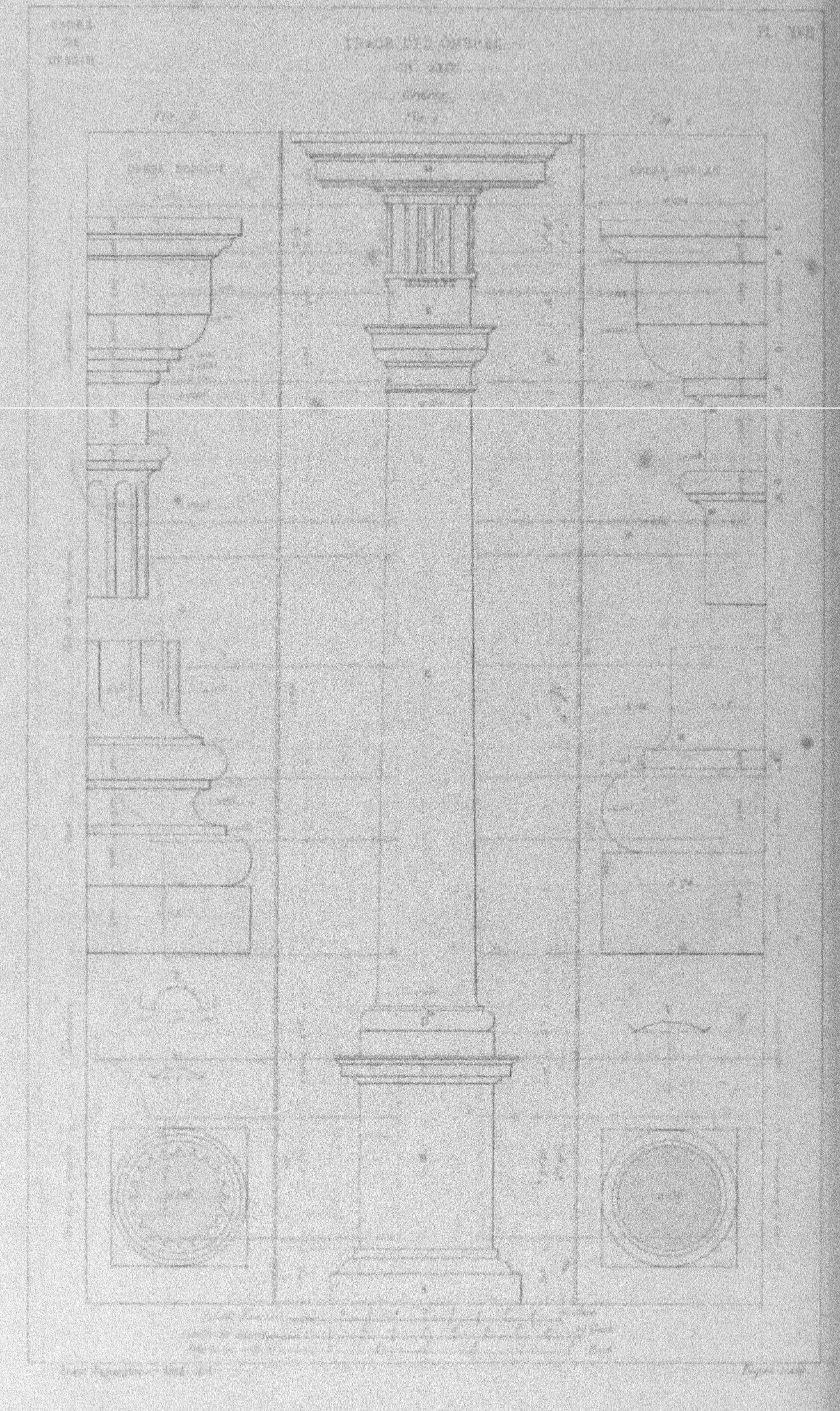

COURS DE DESSIN

TRACÉ DES ORDRES

Tracé des Moulures

COURS DE DESSIN

TRACÉ DES OMBRES

COURS DE DESSIN

TRACÉ DES ORDRES

PL. XI

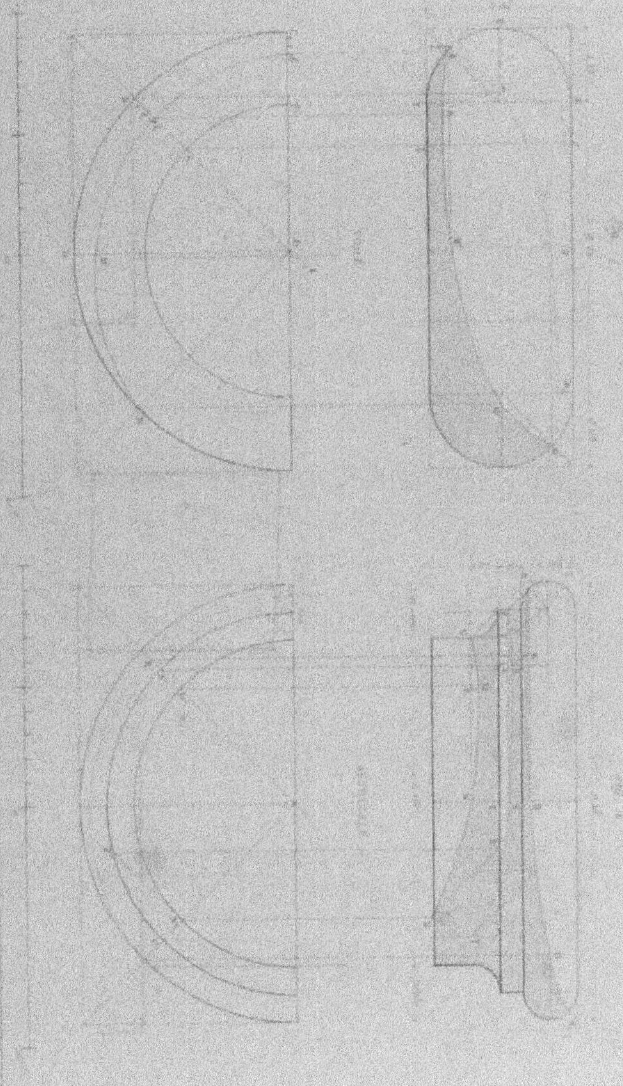

ÉCOLE LA MARTINIÈRE

COURS DE DESSIN

TRACÉ DES OMBRES

CH. XXVII

PL. XX

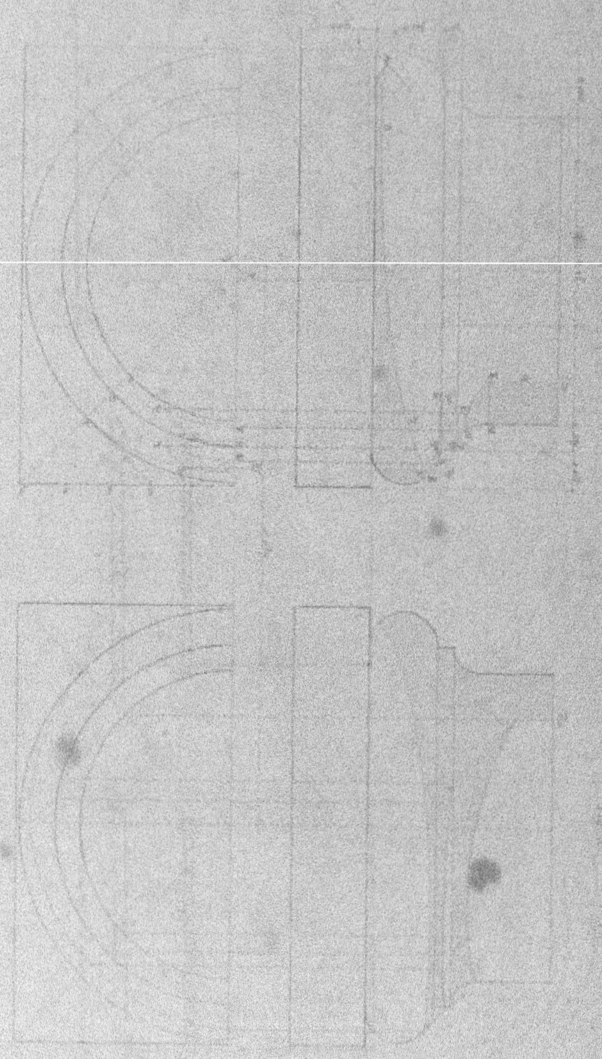

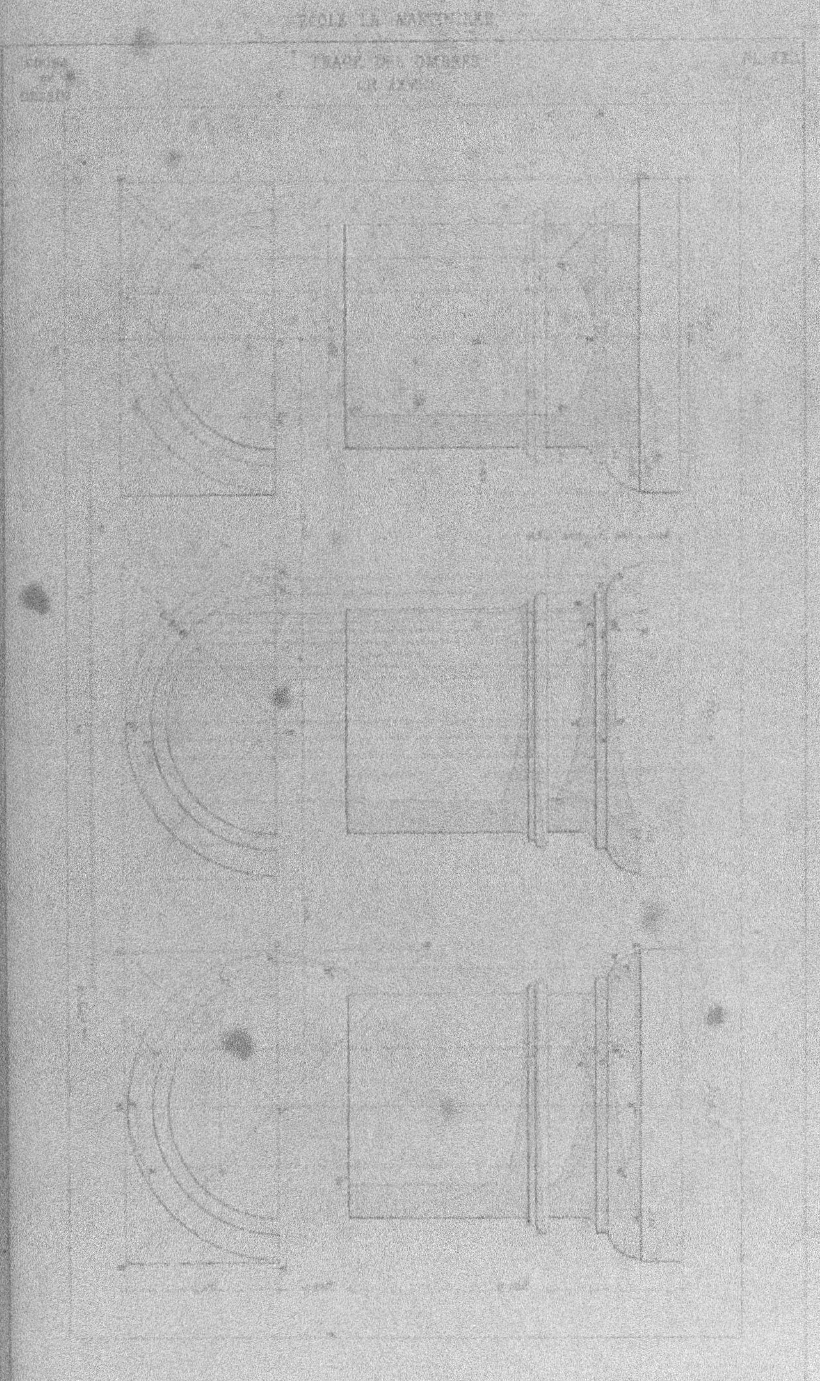

ÉCOLE DE MAÇONNERIE

TRACÉ DES OMBRES

ÉCOLE LA MARTINIÈRE

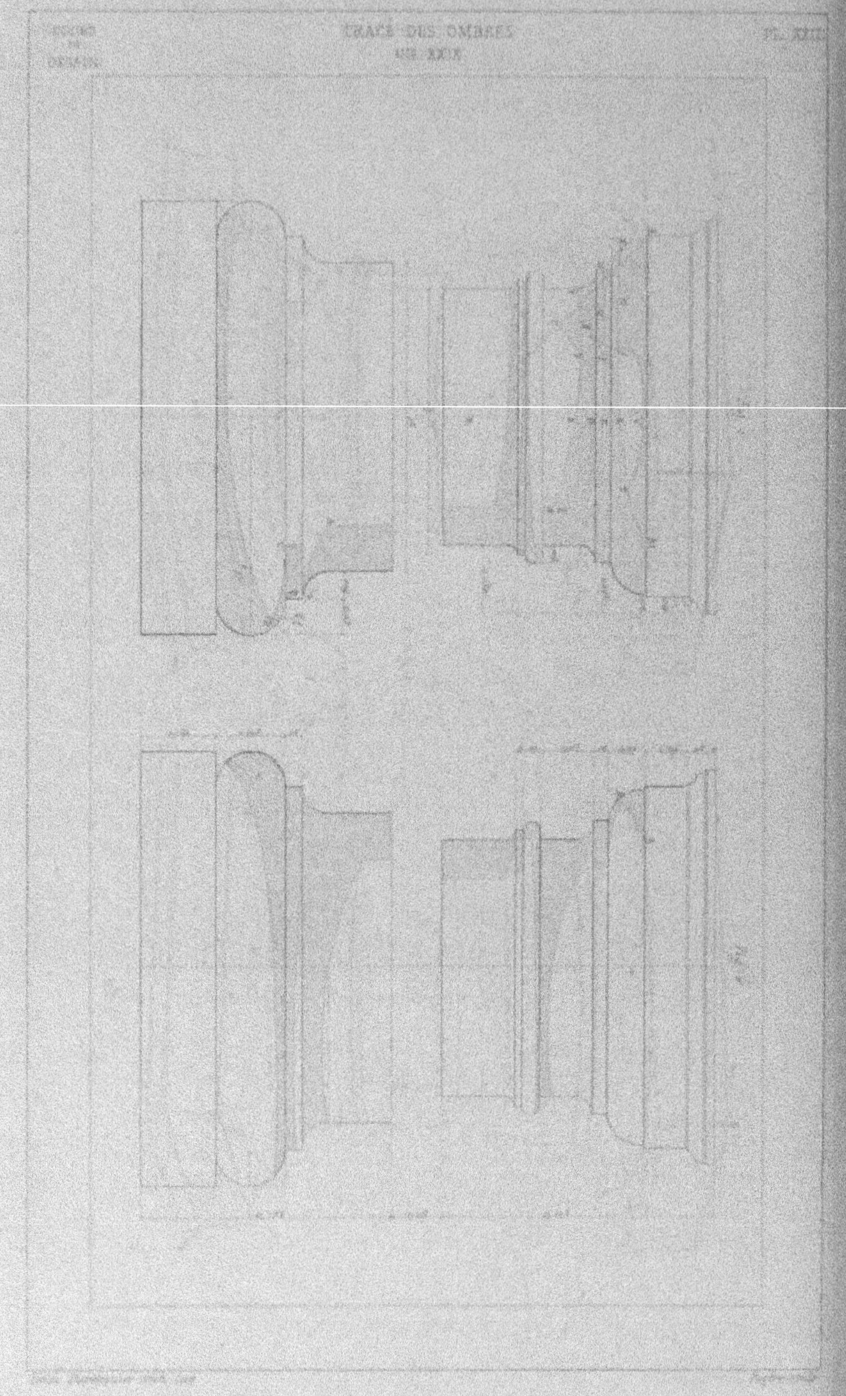

COURS DE DESSIN

TRACÉ DES OMBRES

CH XXX

PL. XLIV

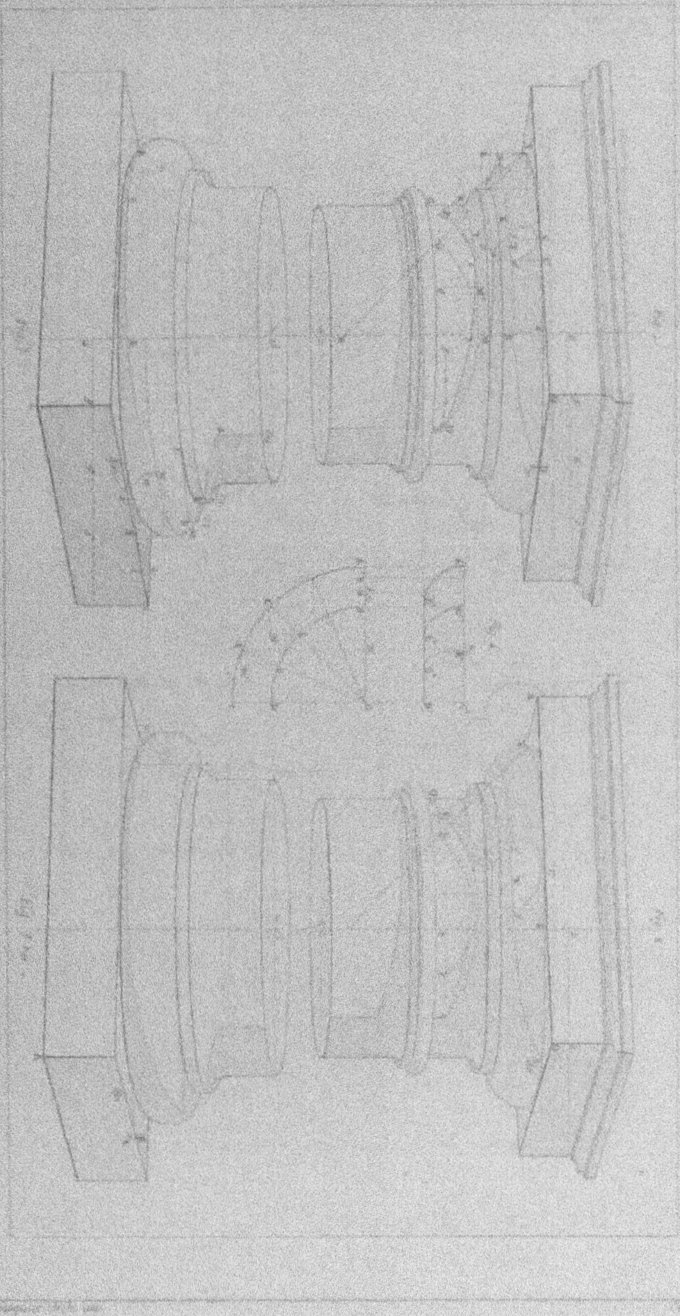

ÉCOLE LA MARTINIÈRE

COURS DE DESSIN

ÉTUDE DU LAVIS

Pl. XXV

ÉCOLE LA MARTINIÈRE

ÉTUDE DU LAVIS

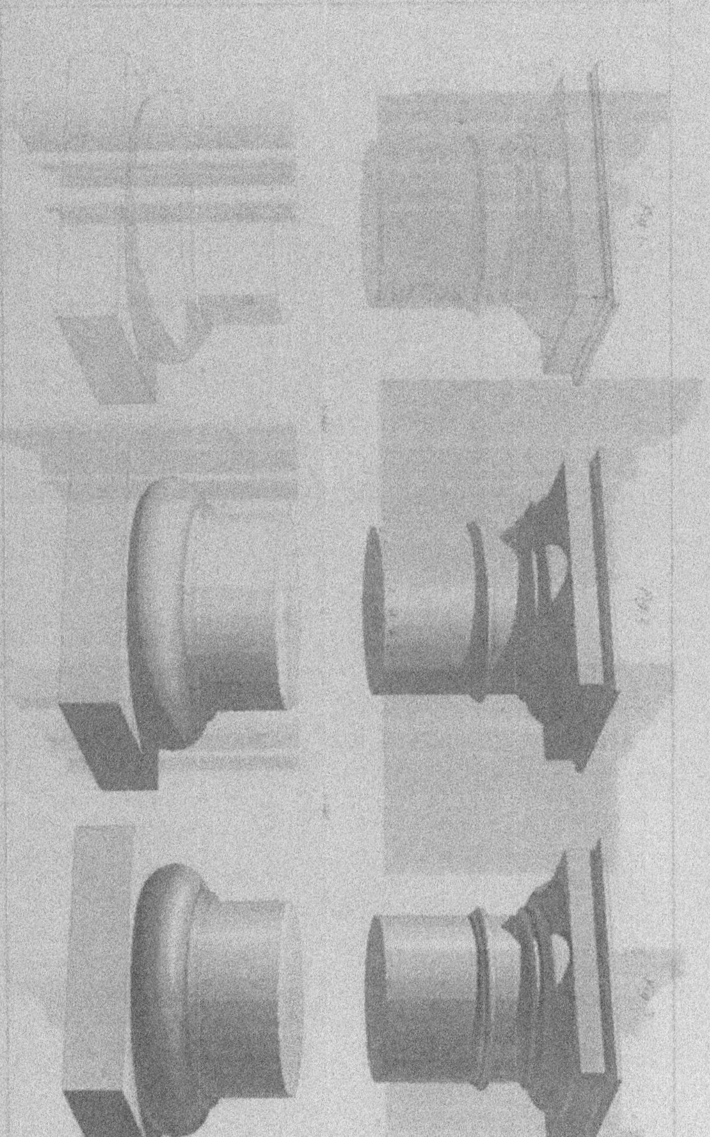

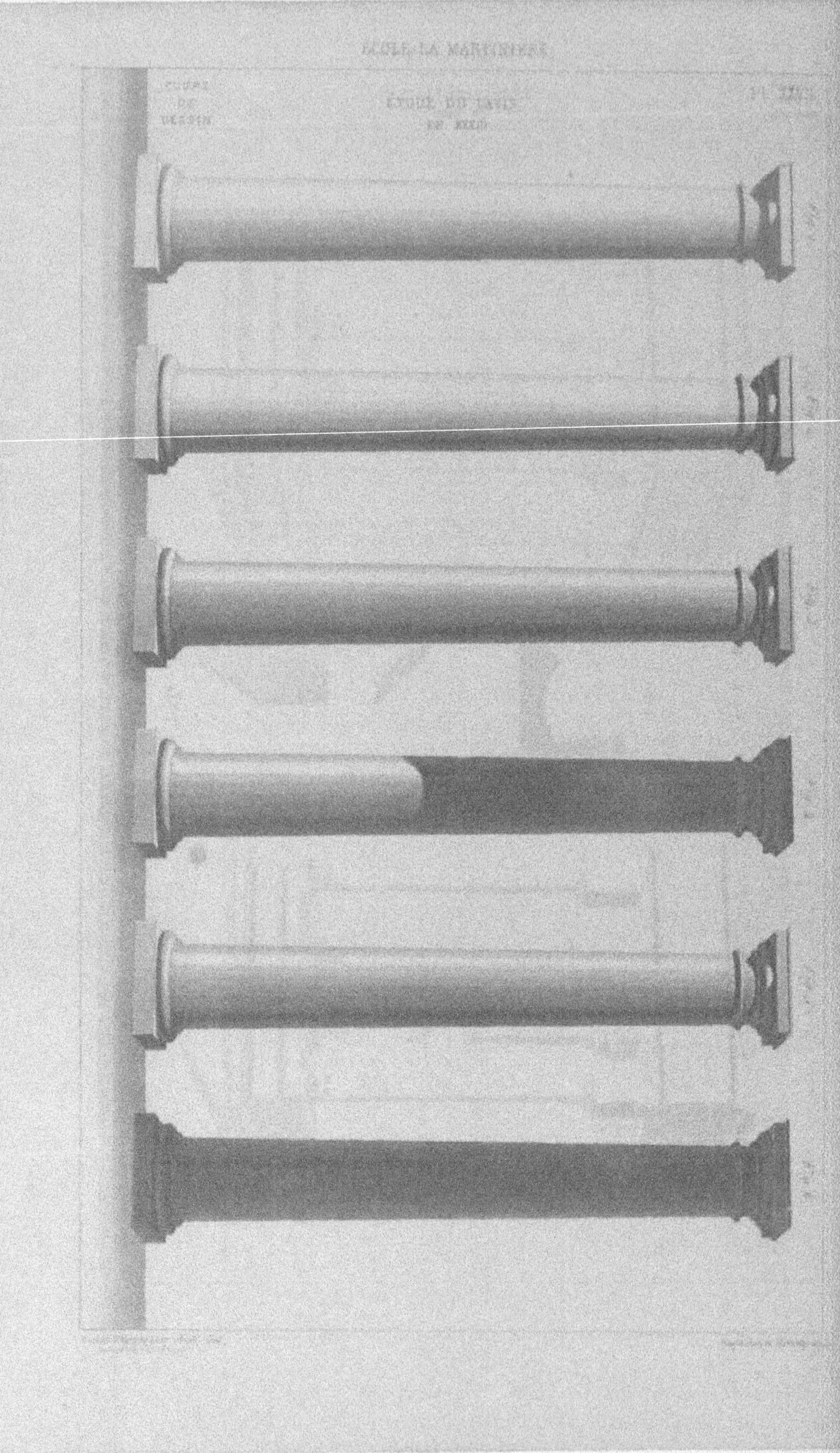
ÉCOLE LA MARTINIÈRE
COURS DE DESSIN
ÉTUDE DU LAVIS

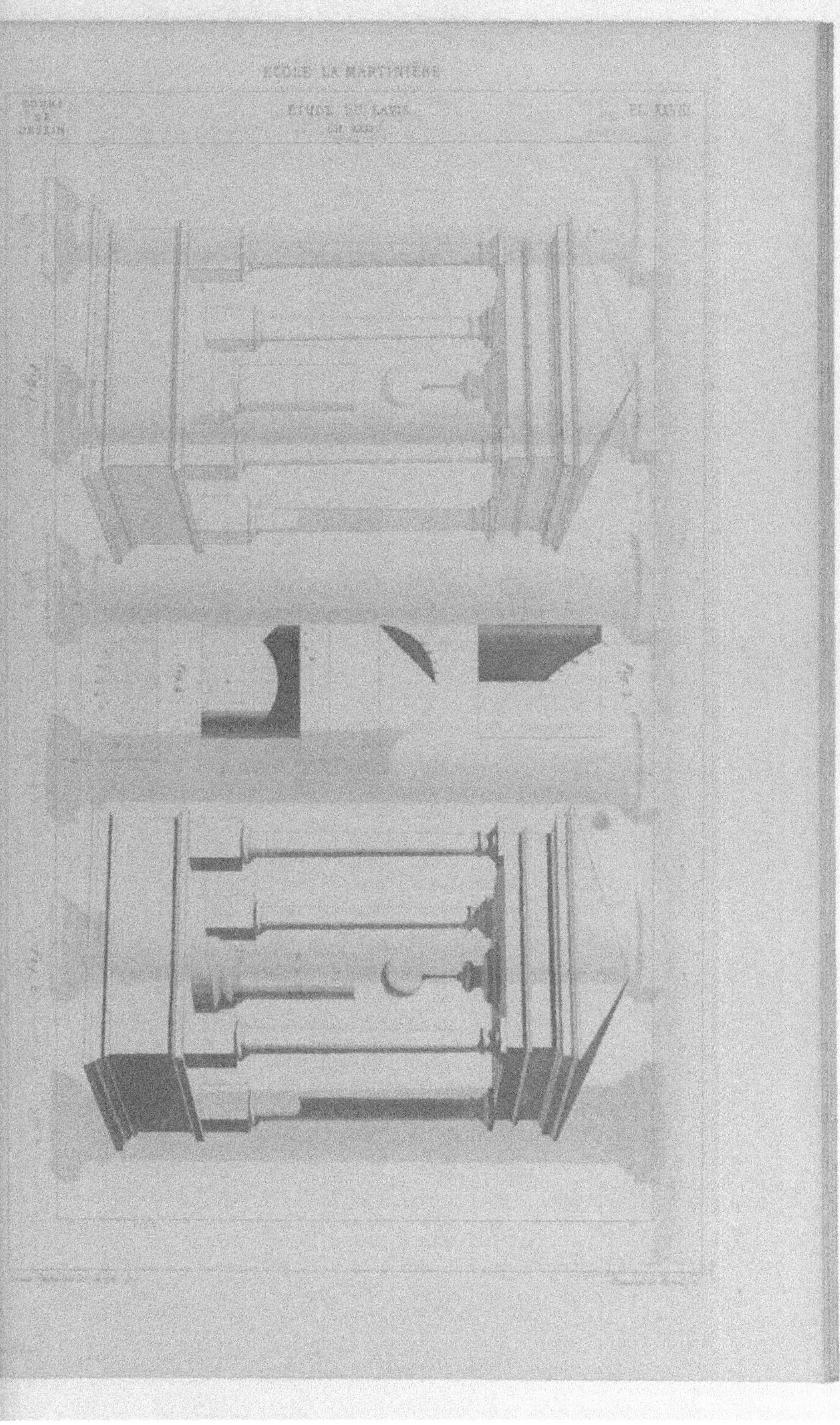
ÉCOLE LA MARTINIÈRE
COURS DE DESSIN
ÉTUDE DU LAVIS

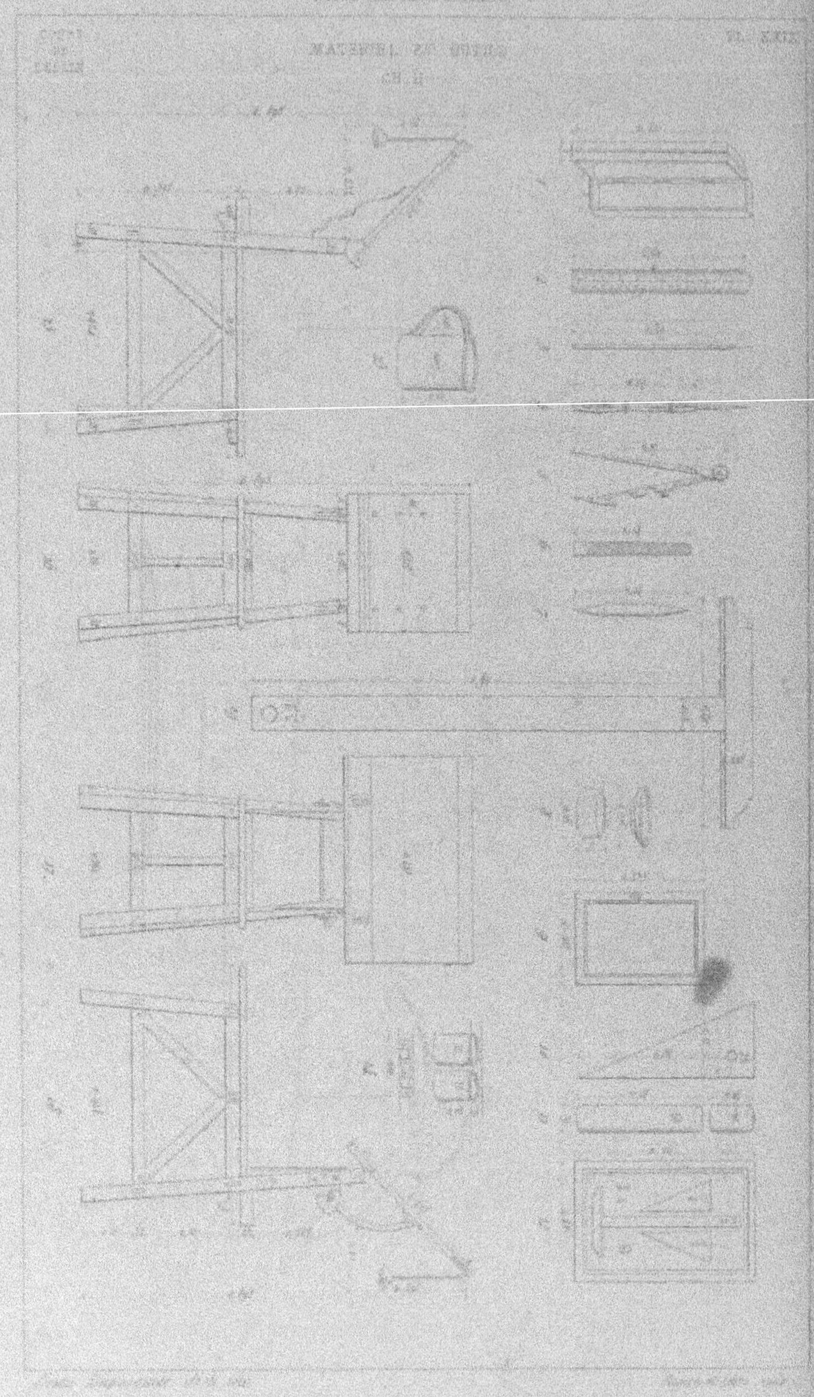

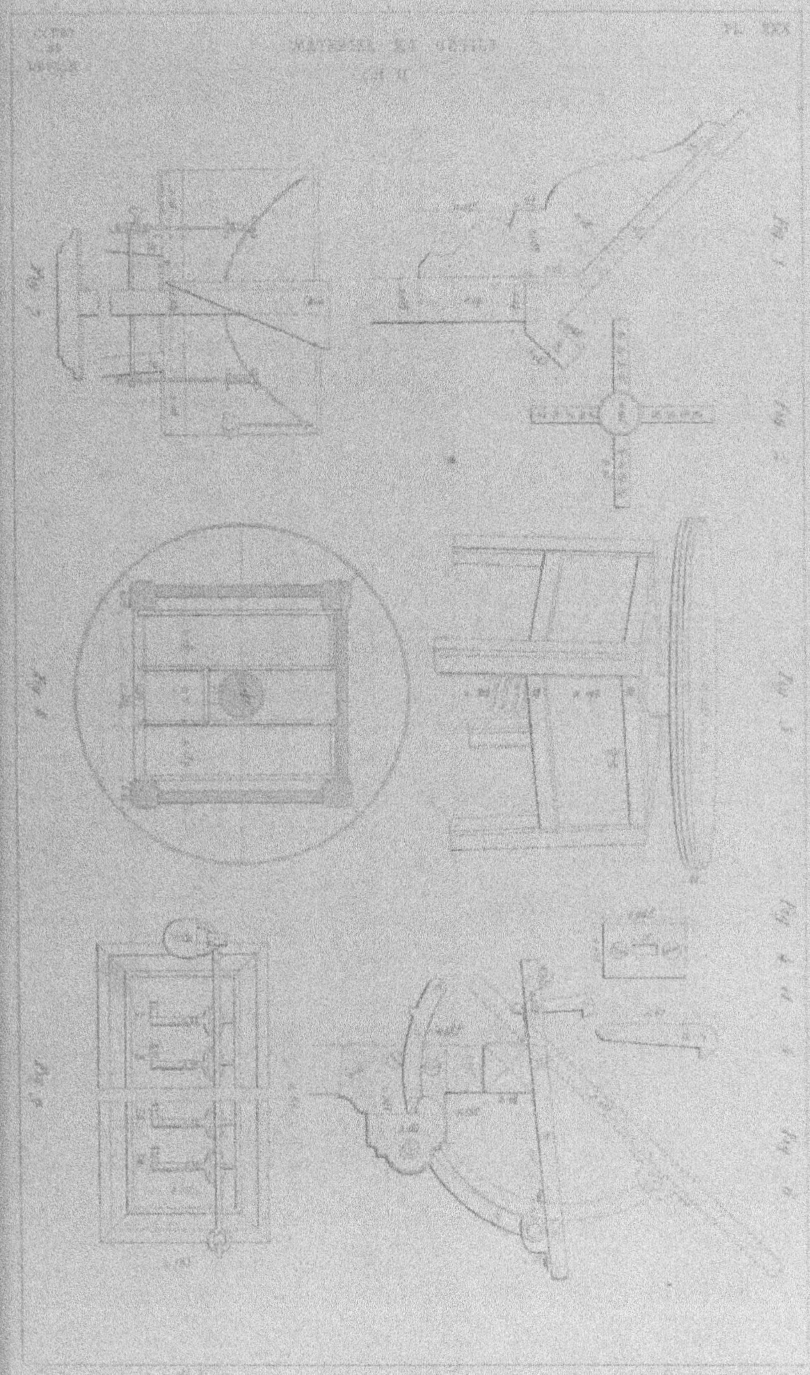

ÉCOLE LA MARTINIÈRE

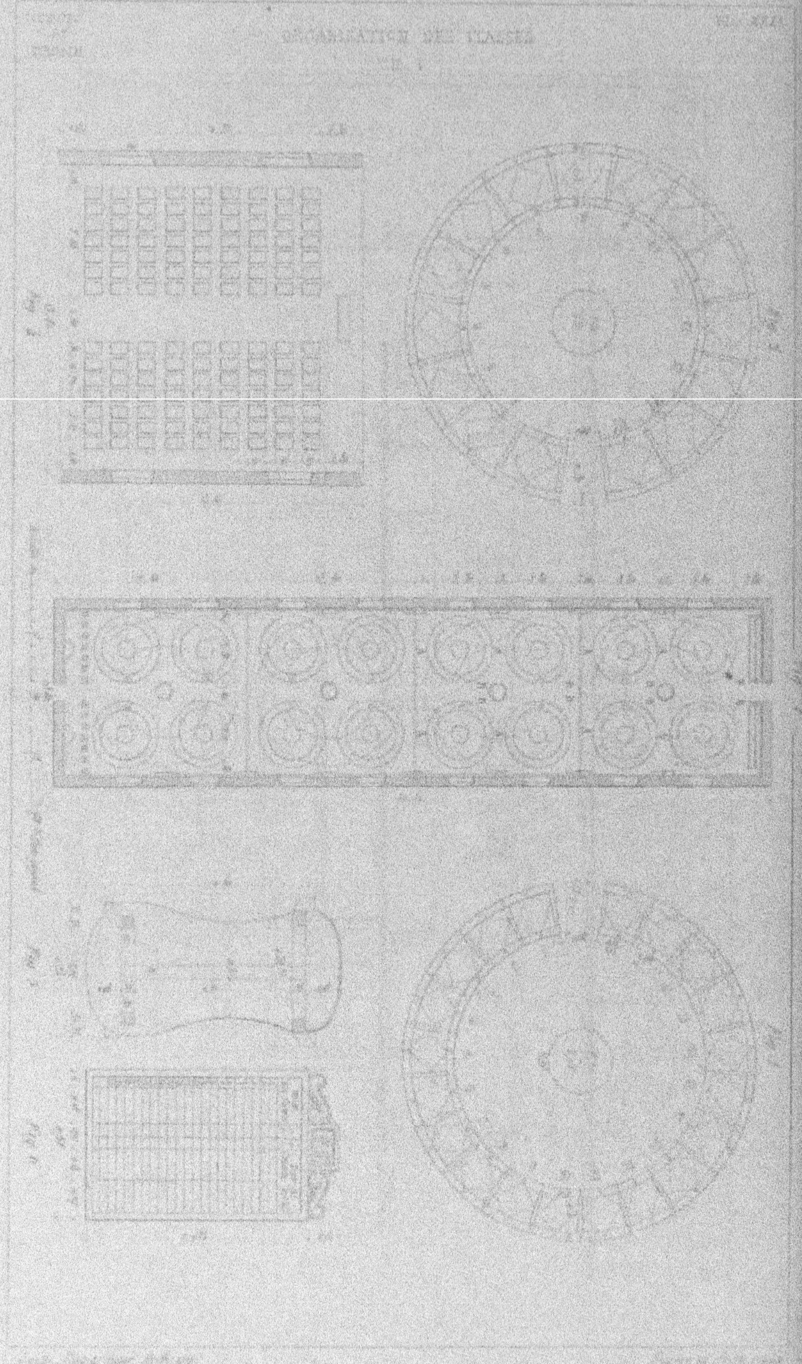

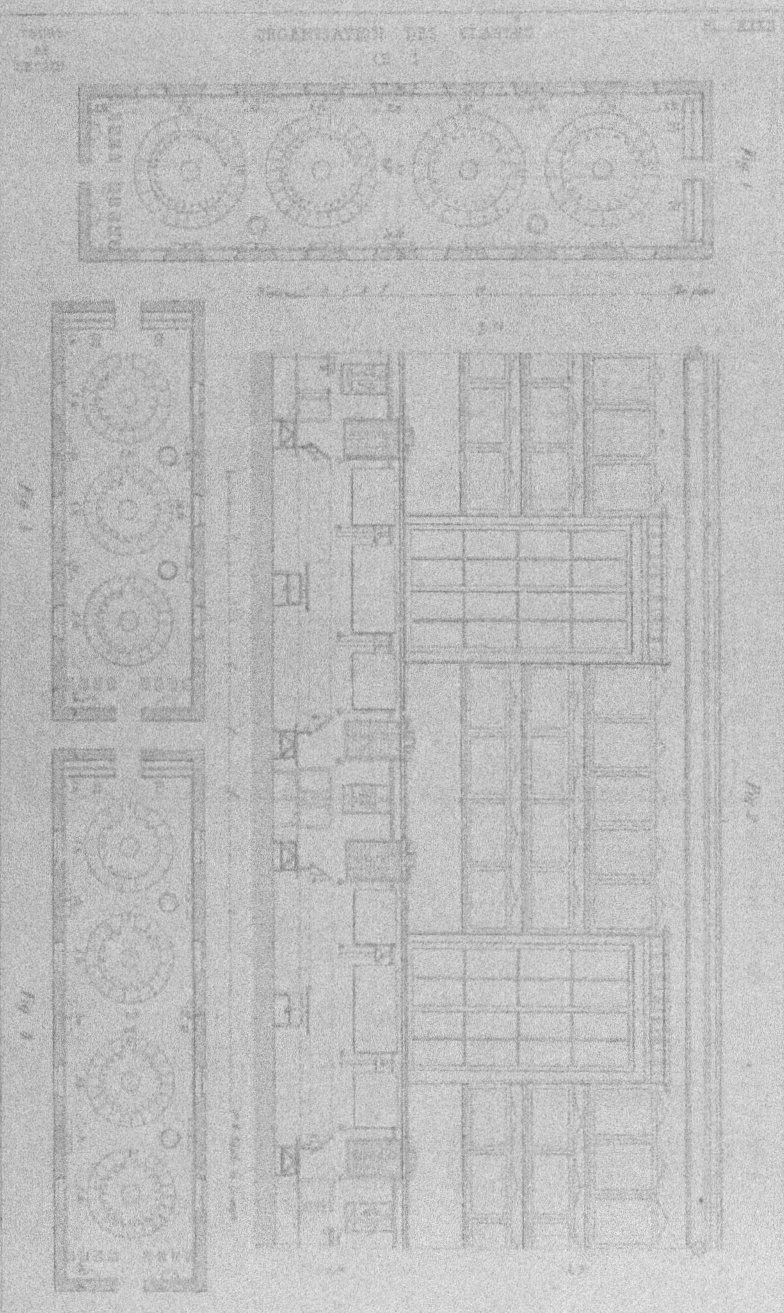

COURS
DE
DESSIN

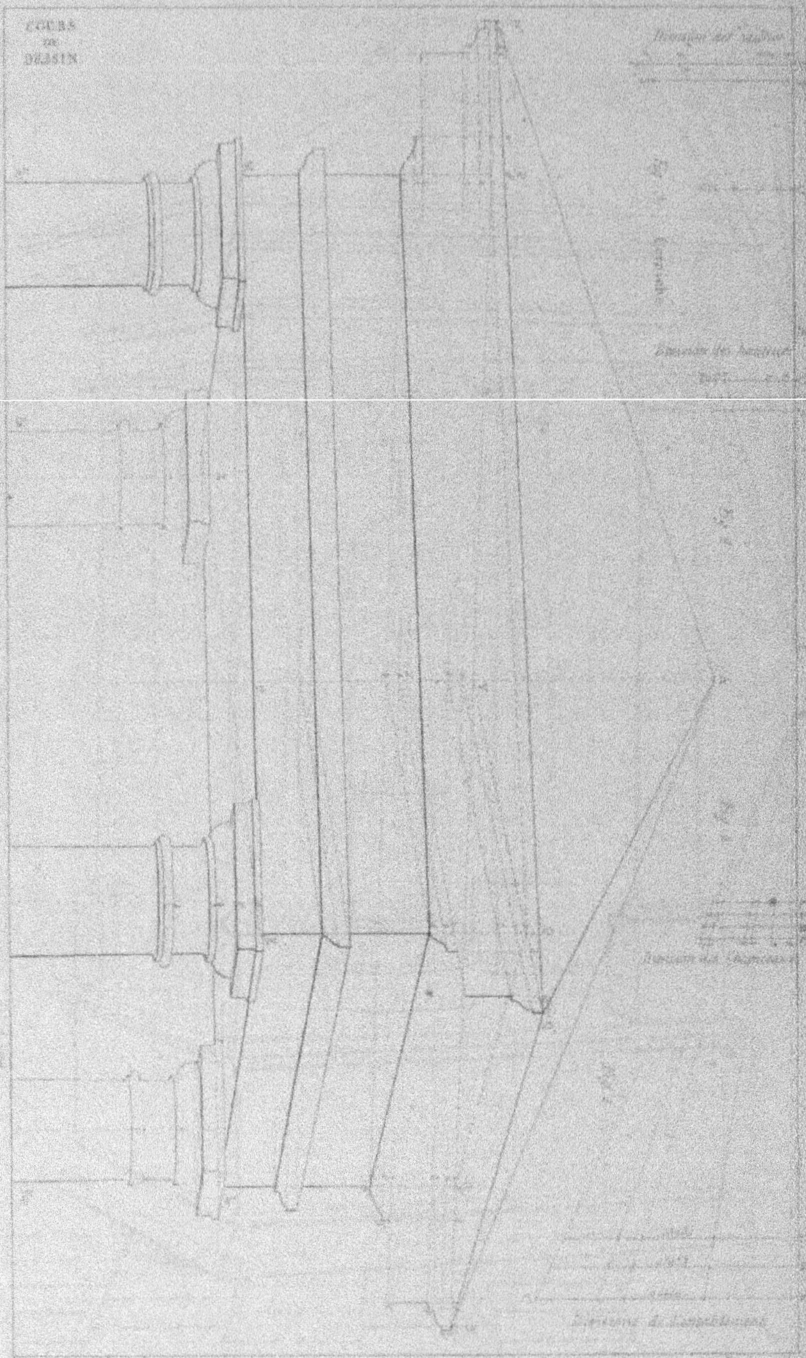

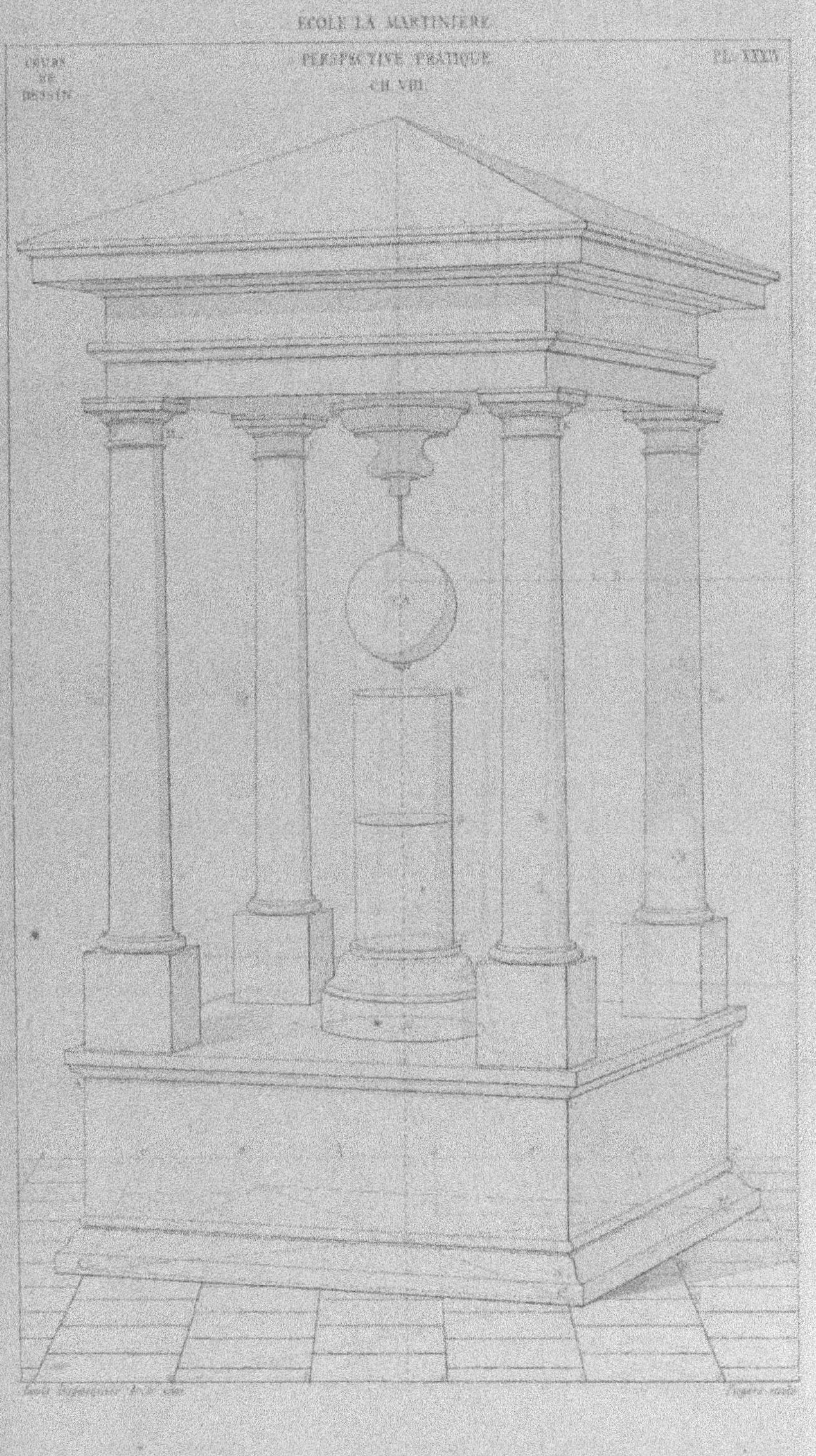
ÉCOLE LA MARTINIÈRE
COURS DE DESSIN
PERSPECTIVE PRATIQUE
CH. VIII.
PL. XXXV

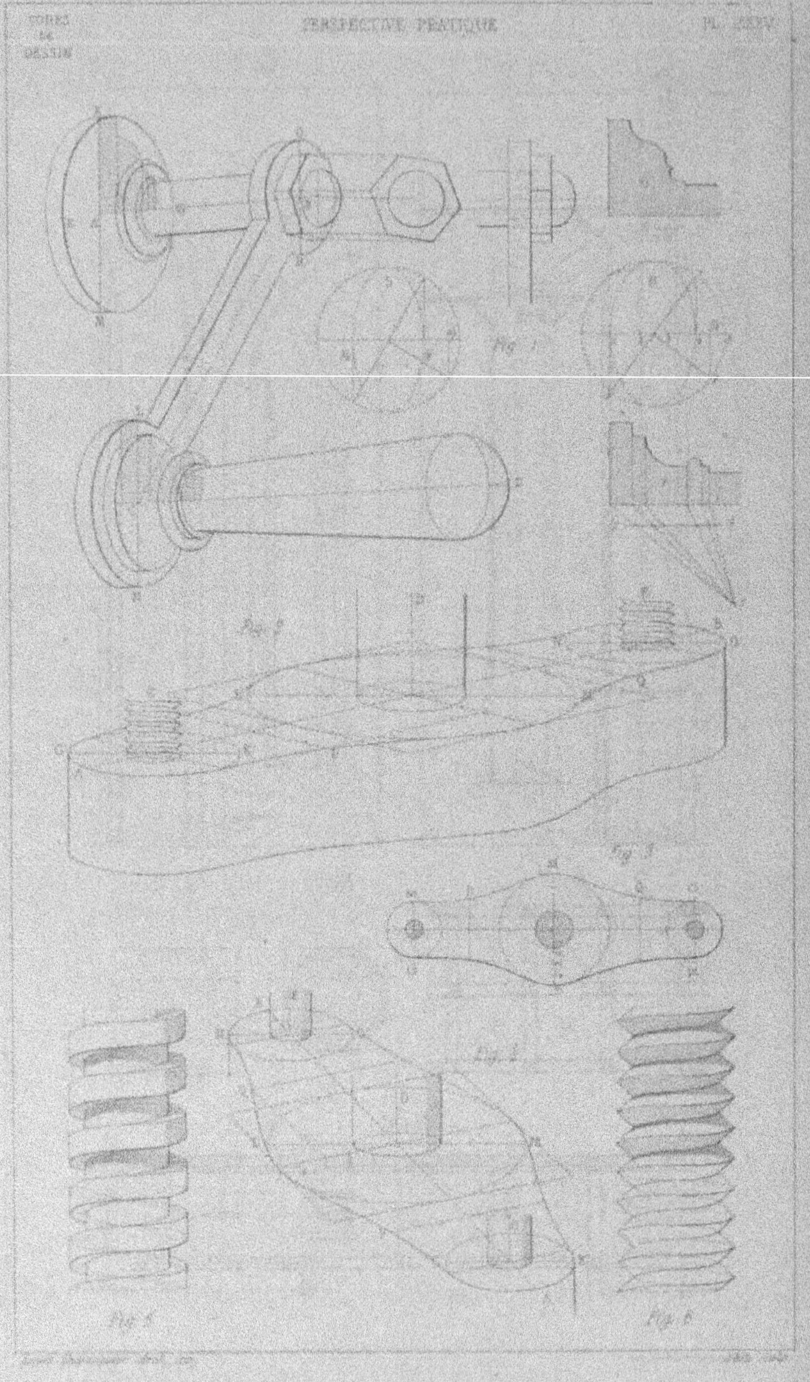
COURS
DE
DESSIN
PERSPECTIVE PRATIQUE

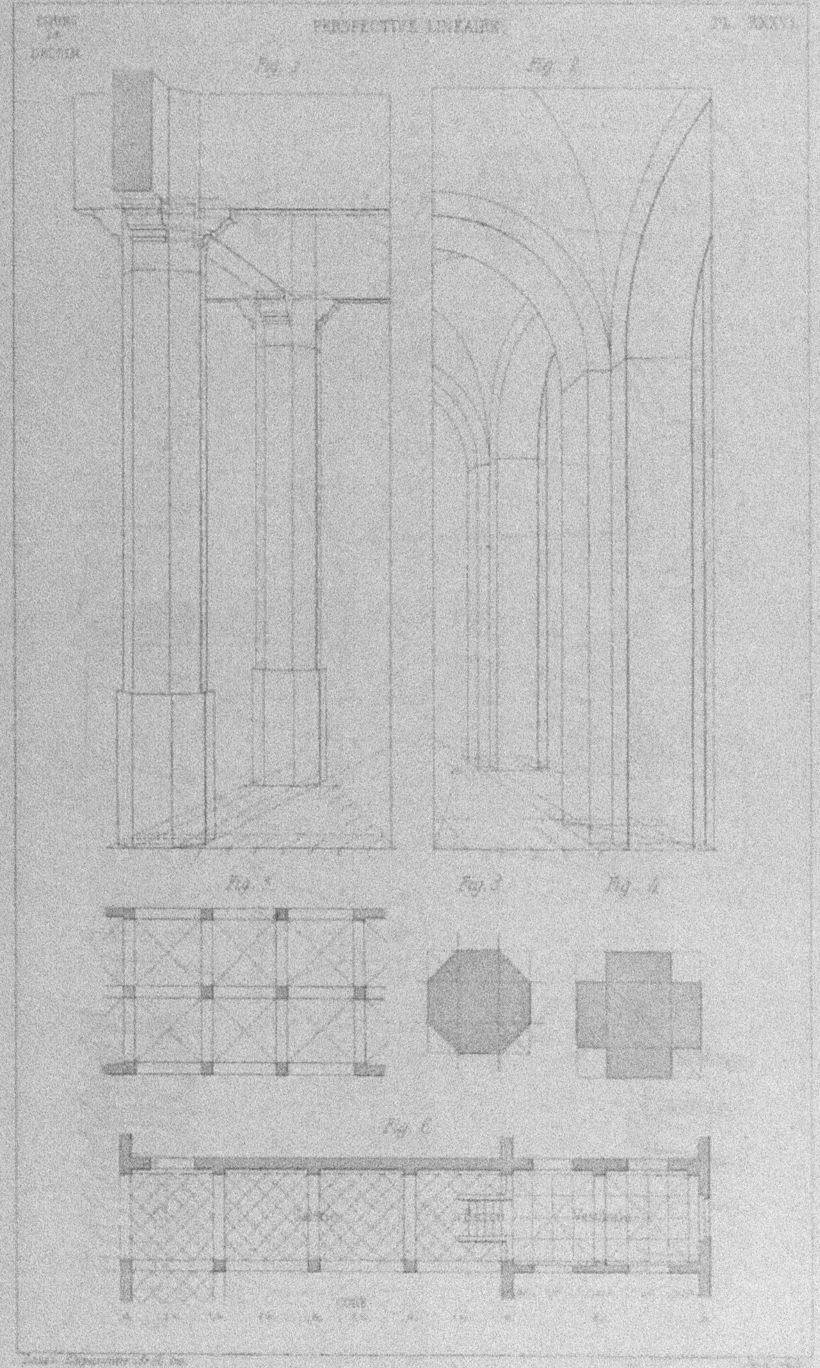
COURS
DE
DESSIN
PERSPECTIVE LINÉAIRE
PL. XXXVI

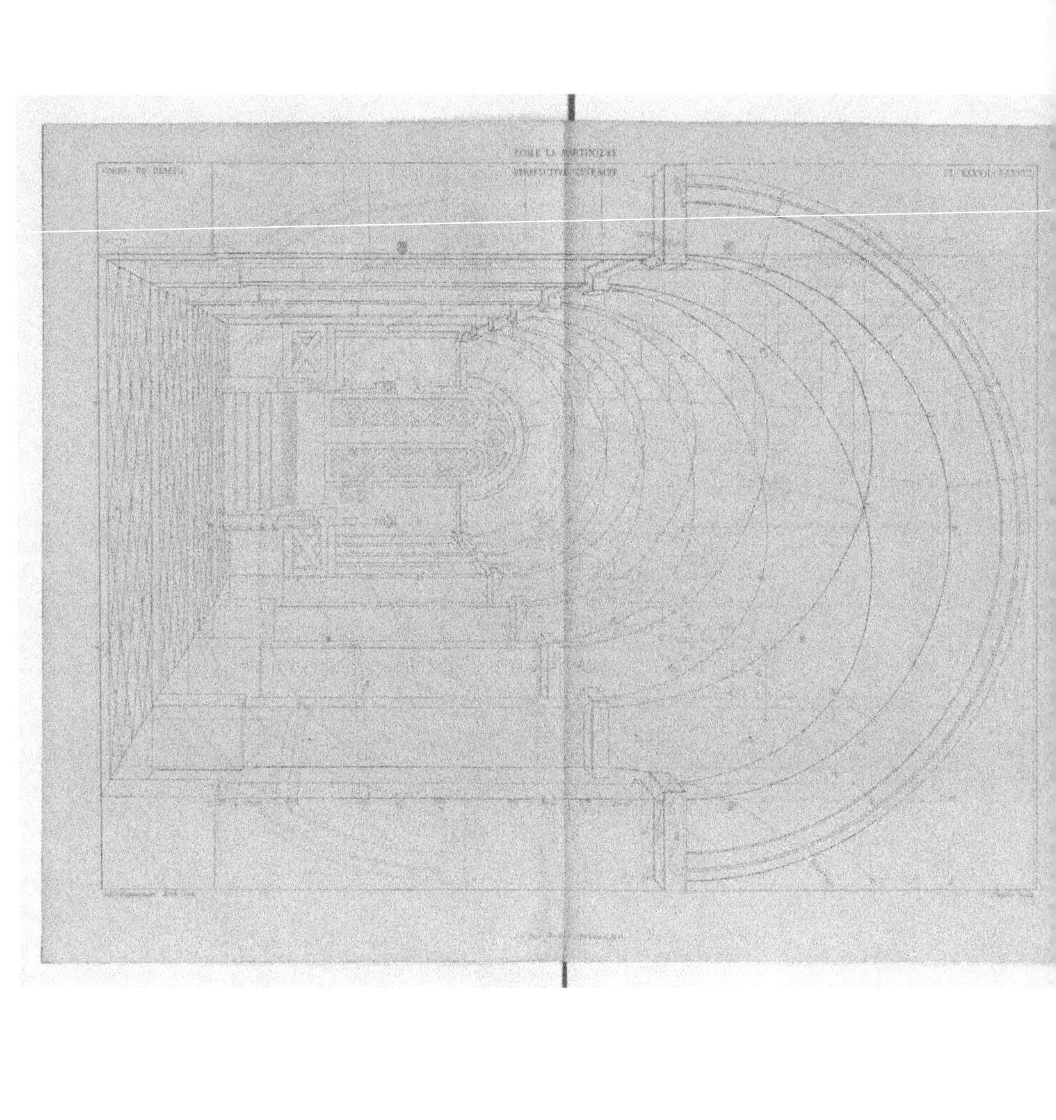

COURS DE DESSIN

ÉCOLE LA MARTINIÈRE

PL. XXXVI.

TONS CONVENTIONNELS

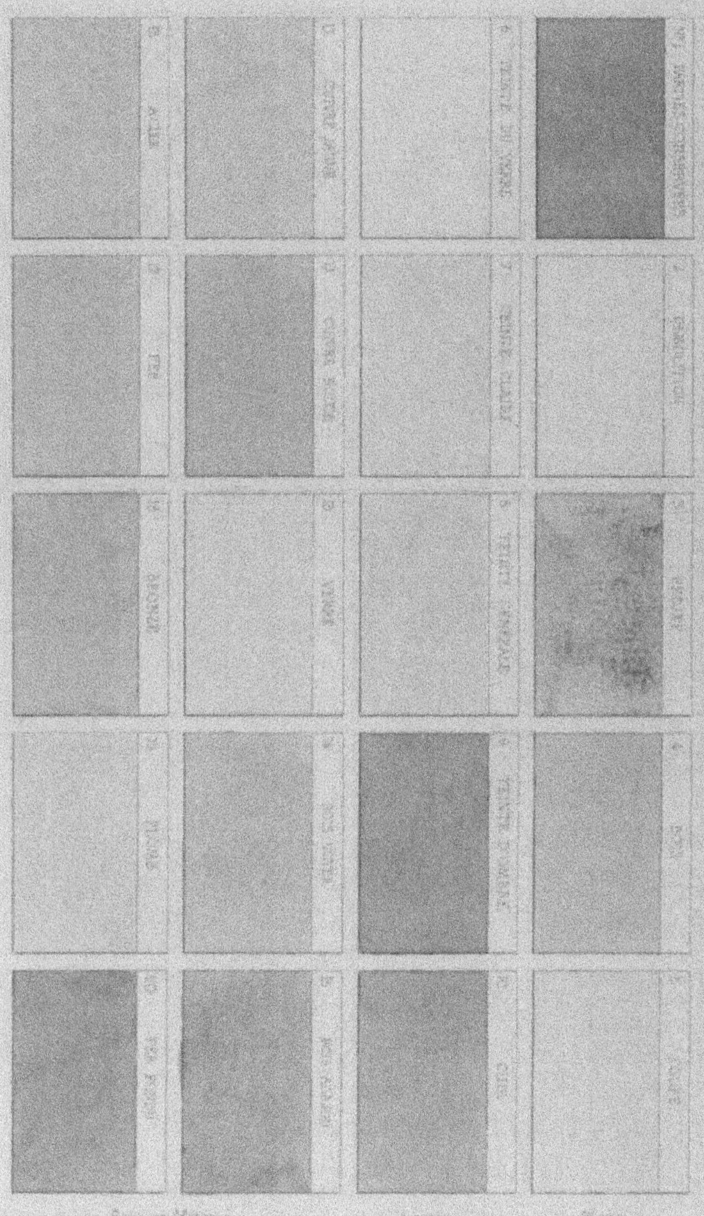

Bois et Métaux

COURS DE DESSIN

PL. XL

ÉCOLE LA MARTINIÈRE

NOTIONS DE TOPOGRAPHIE

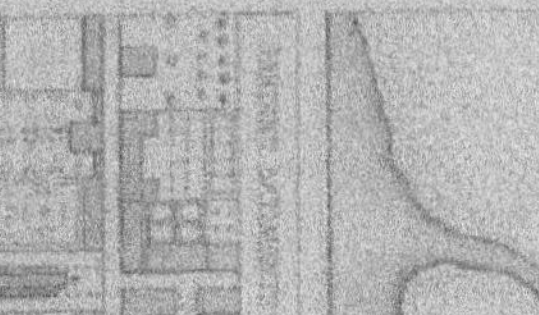

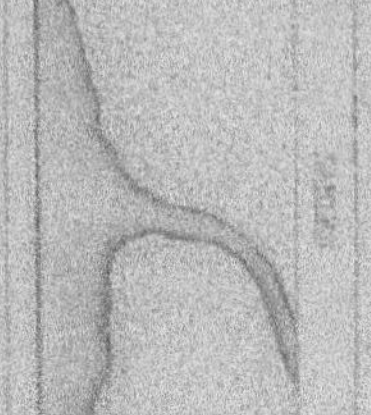

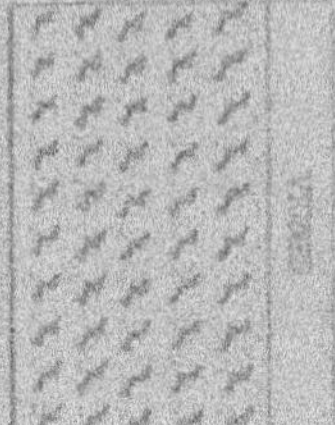

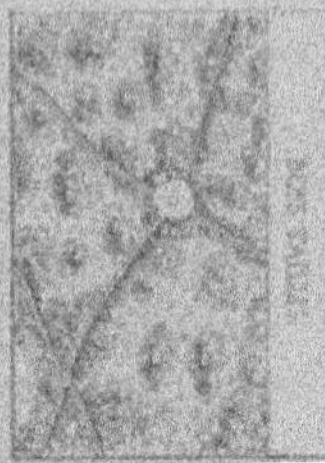

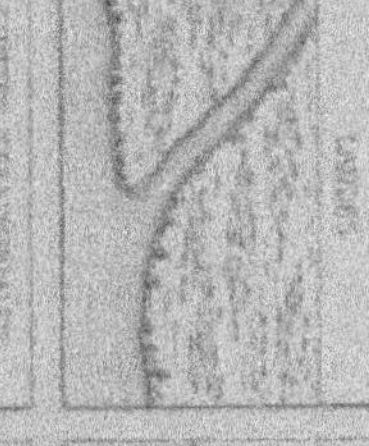

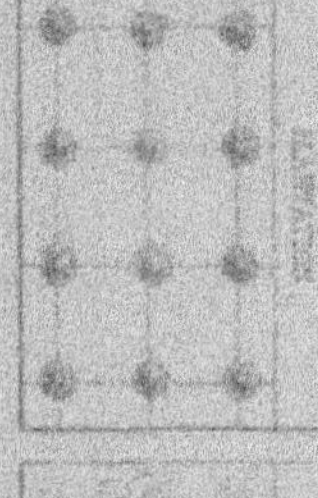

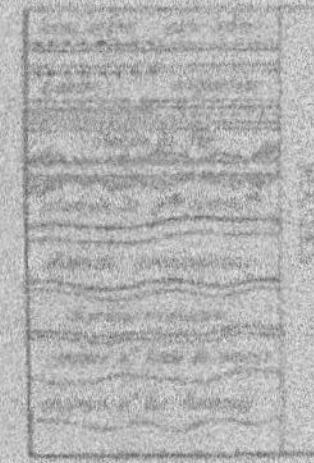

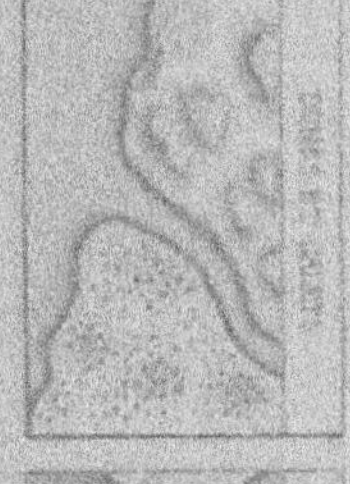

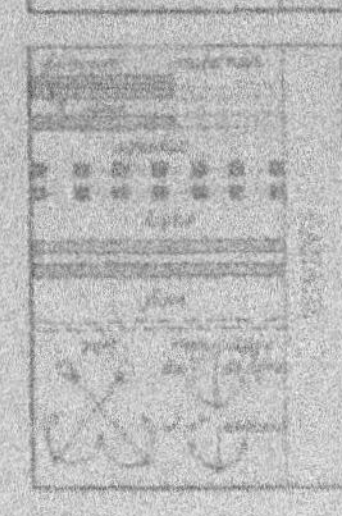

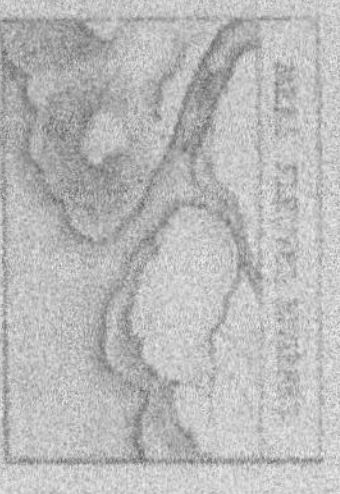

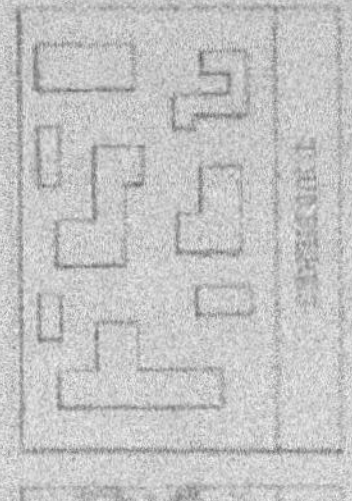

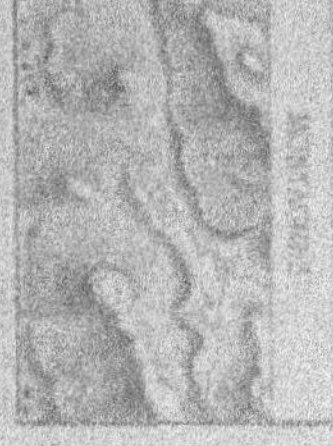

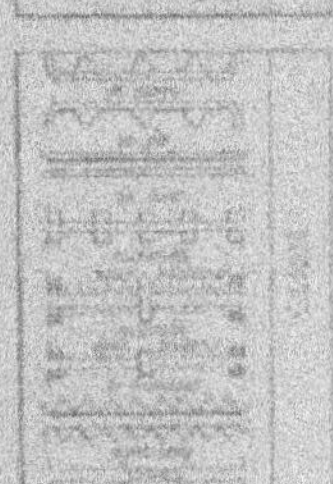

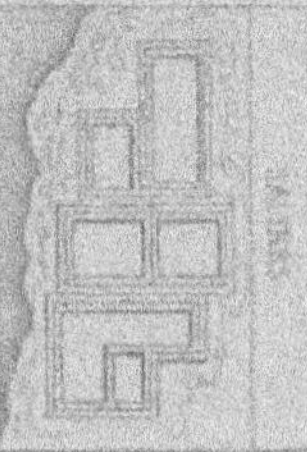

PL. XII

ENSEIGNEMENT DU DESSIN A L'ÉCOLE LA MARTINIÈRE

MÉTHODE DUPASQUIER

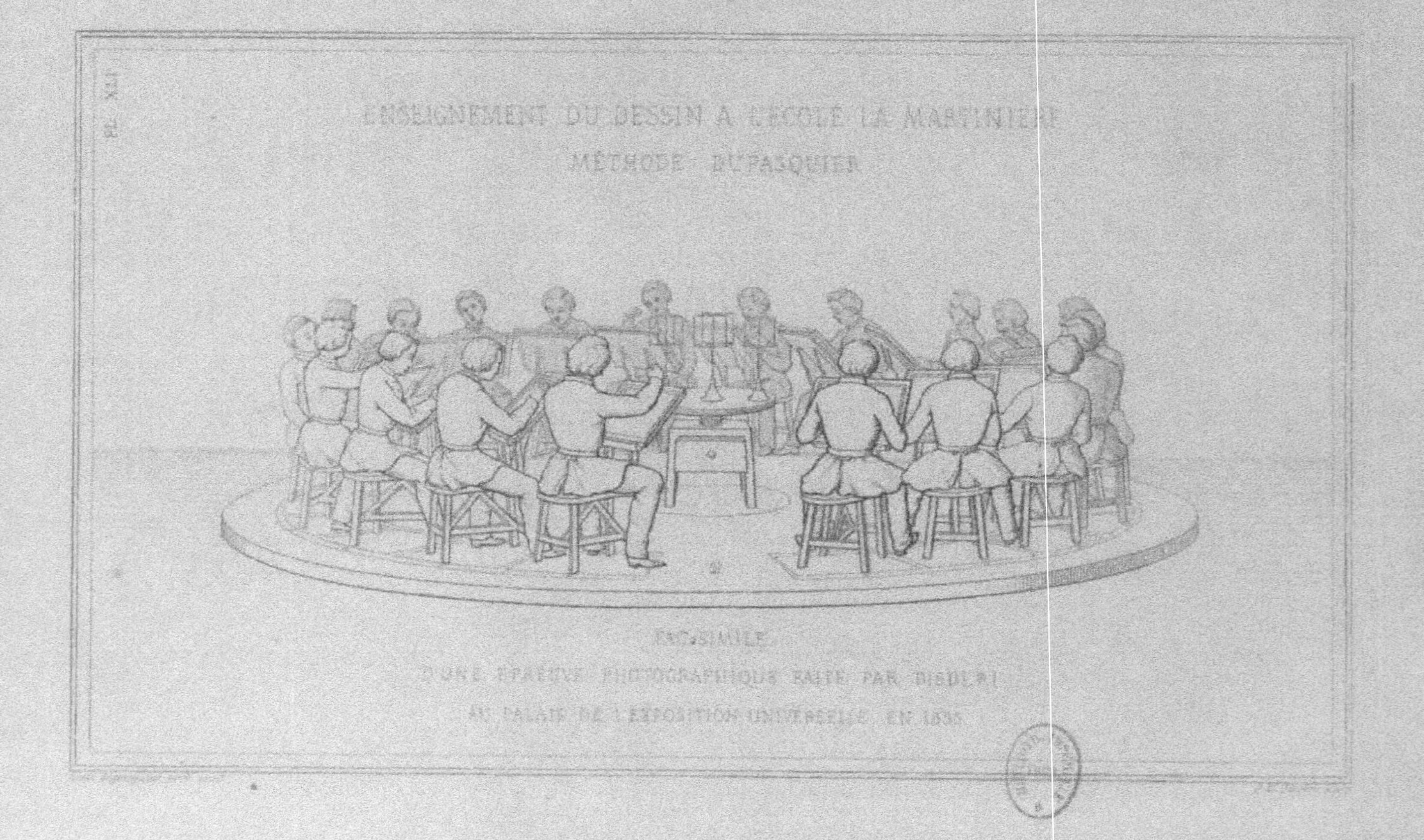

FAC-SIMILE

D'UNE ÉPREUVE PHOTOGRAPHIQUE FAITE PAR DISDÉRI

AU PALAIS DE L'EXPOSITION UNIVERSELLE EN 1855

www.ingramcontent.com/pod-product-compliance
Ingram Content Group UK Ltd.
Pitfield, Milton Keynes, MK11 3LW, UK
UKHW021105270726
13993UKWH00006B/1024